Andrea Westhoff • Justin Westhoff

Ihre Rechte als Kassenpatient

Andrea Westhoff · Justin Westhoff

Ihre Rechte als Kassenpatient

Wie Sie auch als gesetzlich Versicherter
von Ärzten und Kassen bekommen,
was Ihnen zusteht

Linde international

stern

Bibliografische Information Der Deutschen Bibliothek

Die Deutsche Bibliothek verzeichnet diese Publikation in der Deutschen Nationalbibliografie; detaillierte bibliografische Daten sind im Internet über www.d-nb.de abrufbar.

ISBN 978-3-7093-0264-4

Konzeption und Realisation: Adriadne-Buch, Christine Proske, München

Redation: Cornelia Rüping

Umschlag: *stern* und buero8

1210 Wien, Scheydgasse 24, Tel.: 0043/1/246 30

www.lindeverlag.at
www.lindeverlag.de
Druck: Hans Jentzsch & Co. GmbH, 1210 Wien, Scheydgasse 31
1

Inhalt

Mehr Service auf stern.de

Rechte und Pflichten
Worauf Sie bei der gesetzlichen Krankenversicherung unter Schwarz-Gelb achten müssen.

Gehen Sie auf Nummer sicher
Welche Zusatzversicherungen brauchen Sie wirklich?

Wann lohnt sich eine Pflegeversicherung?

Versicherungsangebote im Vergleich
Unser Online-Rechner hilft Ihnen bei der Suche nach den günstigsten Tarifen.

Dies und mehr unter: www.stern.de/krankenkasse

Vorwort

Sind Sie gesetzlich krankenversichert? Fragen Sie sich auch manchmal, wozu Sie eigentlich die hohen Kassenbeiträge zahlen, wenn beim Arztbesuch immer häufiger extra abkassiert wird? Und was die ganzen Zusatzbehandlungen wie Augeninnendruckmessungen, Eigenbluttherapien oder Allergietests, die keine gesetzliche Kasse zahlt, bringen? Können Sie auch nicht auf Anhieb erklären, ob ein Disease-Management-Programme gut ist für Sie oder was die Integrierte Versorgung taugt?

Dann sind Sie hier genau richtig: beim *stern*-Ratgeber „Ihre Rechte als Kassenpatient". Das Buch hilft Ihnen über alle Fallstricke des Gesundheitssystems hinweg. Es ist nicht für Fachleute geschrieben, sondern für Patienten, die wissen wollen, was sinnvoll für sie ist und wie sie zu ihrem Recht kommen, wenn es Ärger mit der Krankenkasse gibt.

Der *stern*-Ratgeber verrät, welche Rechte und Pflichten Sie als Patient gegenüber Ihrem Arzt haben. Wie viel Sie bei Medikamenten zuzahlen müssen – und wann Sie nicht mehr zuzahlen müssen. Und er berät ausführlich, welche der stark in Mode gekommenen Individuellen Gesundheitsleistungen, kurz IGeL, ihr Geld wert sind und welche nur einem helfen: Ihrem Arzt, finanziell.

Der Ratgeber „Ihre Rechte als Kassenpatient" verfolgt ein Ziel, für das in Deutschland nicht genug getan wird: Patienten kundiger zu machen in einem System überbordender Bürokratie mit weitgehend unverständlichen Regelungen und Fachausdrücken.

Frank Thomsen

Chefredakteur *stern.de*

Einleitung

In fast allen Lebensbereichen gelingt es uns häufig, als aufgeklärte und selbstbewusste Verbraucherinnen und Verbraucher aufzutreten. Bei der Gesundheit ist das schon schwieriger, selbst wenn oft vom „mündigen Patienten“ die Rede ist. Denn auch heute noch geben viele, wenn sie sich krank fühlen, ihre Mündigkeit an den Arzt ab. Irgendwie verständlich: Der Doktor ist schließlich Experte, und der Patient befindet sich mit seinen Sorgen und Ängsten in einer seelischen Ausnahmesituation. Zudem finden Sie als Versicherter und Kranker sich schnell in einem Dschungel von Vorschriften wieder. Zwar kann mitunter eine Nachfrage bei der Krankenkasse oder beim Hausarzt weiterhelfen, doch auch die sind Interessenvertreter in einem Gesundheitswesen, das – politisch gewollt – zunehmend ökonomischen Prinzipien unterliegt.

Dass es in Deutschland bereits eine Zwei-Klassen-Medizin gibt, ist vielen Experten zufolge unbestreitbar. Zum einen haben Gesundheits- und Wirtschaftswissenschaftler mehrfach nachgewiesen, dass Menschen aus weniger gebildeten Familien und mit geringerem Einkommen einen schlechteren Zugang zu den Institutionen des Gesundheitswesens haben. Die sozial-ökonomische und die gesundheitliche Chancenungleichheit bedingen und verstärken sich somit gegenseitig. Zum zweiten gibt es – ob offen zugegeben oder in verdeckter Weise – eine „Rationierung“: Nicht jeder Mensch bekommt alles, was medizinisch möglich ist. Drittens haben es Privatpatienten oft leichter, die beste Gesundheitsversorgung zu erhalten. Allerdings gilt hier: „Viel kostet viel.“ Und während die Angebote der privaten Krankenkassen für junge, gesunde Menschen häufig attraktiv erscheinen, kann sich der Eintritt im fortgeschritteneren Alter rächen.

Trotz allem, was immer wieder kritisiert wird, gehört das deutsche Gesundheitswesen im internationalen Vergleich zu den besten – aber auch zu den teuersten. Problematisch sind Verschwendung, Lobbyismus sowie einerseits Unter- und andererseits Überversorgung von Patienten. Die gesetzliche Krankenversicherung (GKV) in Deutschland hat jedenfalls große Vorteile, und die muss man ebenso kennen wie die Fallstricke. Dieser Ratgeber ist für jene rund 90 Prozent der Menschen geschrieben, die in Deutschland bei der GKV versichert sind. Wer seine Rechte kennt, kann sie besser durchsetzen – und aufreibenden Kämpfen gegen Windmühlen aus dem Weg gehen.

Was bezahlt die Kasse, was nicht? Wohin kann ich mich wenden, wenn Untersuchungen, Behandlungen und Medikamente abgelehnt werden? Sind privat zu bezahlende Zusatzangebote (Individuelle Gesundheitsleistungen, „IGeL“) sinnvoll oder handelt es sich um Abzocke? Welche Zusatzversicherungen sollten gesetzlich Versicherte eventuell abschließen, welche eher nicht? Wie funktioniert das System der GKV überhaupt?

Letzteres erfahren Sie gleich zu Anfang dieses Ratgebers. Wenn Sie die ersten beiden Kapitel gelesen haben, wird es Ihnen leichter fallen, unsere konkreten Tipps und die derzeit geltenden Regeln besser einzuordnen. In unserem Buch geht es in erster Linie um rechtlich-finanzielle Angelegenheiten, um Leistungsansprüche und um Streitfragen bei der ambulanten Behandlung – also um die häufigsten Alltagsfragen von Patienten. Was man dazu wissen muss, ist schon umfangreich genug. Dieses Buch behandelt hingegen nicht oder lediglich am Rande andere Aspekte der Patientenrechte wie etwa Behandlungsfehler oder Patientenverfügungen.

Zu beachten bleibt noch, dass sich auch nach den fast unzählbaren Reformen in der Vergangenheit Regelungen und Leistungsansprüche in Zukunft immer wieder ändern werden. Wir empfehlen Ihnen daher, dass Sie sich selbst über aktuelle Entwicklungen weiter informieren. Die Adressenliste im Anhang hilft dabei. Frühestens ab 2011 sind möglicherweise weitgehende Änderungen des gesamten GKV-Systems geplant. Die im Koalitionsvertrag 2009 von CDU/CSU und FDP aufgeschriebenen Absichten haben wir in Kapitel 9 für Sie zusammengefasst (Stand zum Redaktionsschluss am 11. Dezember 2009). Was davon Realität wird und was nicht, dürfte noch lange unklar bleiben – somit sind die Tipps in diesem Ratgeber sicher noch lange gültig.

Berlin, im Dezember 2009

Andrea und Justin Westhoff

Anmerkung: Aus Gründen der besseren Lesbarkeit haben wir „AutorInnen“ – eine Frau und ein Mann – darauf verzichtet, jedes Mal „der/die Versicherte“, „der Patient/die Patientin“ oder Ähnliches zu schreiben. Die männliche Grammatikform umfasst selbstverständlich immer beide Geschlechter.

KAPITEL 1

Die gesetzlichen Krankenkassen – ein kompliziertes System

Seit über 125 Jahren gibt es in Deutschland eine gesetzliche Krankenversicherung (GKV), eingeführt von Otto von Bismarck als erstes der Sozialgesetze im Kaiserreich. Deutschland war damit weltweit Vorreiter beim Aufbau eines staatlichen Sozialsystems, das bis heute vielen anderen Ländern als Vorbild dient. Die gesetzliche Krankenkasse ist im Wesentlichen eine Pflichtversicherung. Die GKV basiert – im Unterschied zur privaten Krankenversicherung (PKV) – auch heute noch auf dem Solidarprinzip: Sie als Versicherter zahlen einen Beitrag gemäß Ihren Einkünften ein und erhalten Leistungen nach Ihren gesundheitlichen Bedürfnissen, also unabhängig von der Höhe der Einzahlungen.

Erstes Sozialgesetz

Allerdings sind Art und Umfang der Leistungen gesetzlich geregelt. Sie müssen „ausreichend", aber auch „zweckmäßig und wirtschaftlich" sein, und eine Behandlung darf „das Maß des Notwendigen" nicht überschreiten. Dies und die meisten anderen Rechte und Pflichten schreibt das fünfte Buch des Sozialgesetzbuchs (SGB V) vor (mehr über die Leistungen der GKV in Kapitel 3).

Heute gehören zu den gesetzlichen Krankenversicherungen die Allgemeinen Ortskrankenkassen, Betriebs- und Innungskrankenkassen, See- und Landwirtschaftliche Krankenkassen, die knappschaftliche Krankenversicherung sowie die Ersatzkassen. In Deutschland gibt es viele – Kritiker meinen zu viele – gesetzliche Krankenkassen. Allerdings ist die Zahl der GKVen in den vergangenen Jahren deutlich rückläufig: Gab es 1991 noch mehr als 1.200, waren es Anfang 2009 weniger als 200. Der Trend wird sich fortsetzen, denn aufgrund des wirtschaftlichen Drucks kommt es immer häufiger zu Fusionen.

Wie hoch sind die Beiträge zur GKV?

Die Beiträge zur GKV zahlen – im Prinzip – je zur Hälfte Arbeitnehmer und Arbeitgeber. Der Arbeitnehmeranteil wird direkt vom Arbeitslohn oder Gehalt einbehalten. Kinder und Ehepartner ohne eigenes Einkommen sind beim GKV-Mitglied kostenlos mitversichert. Wer staatliche Transferleistungen erhält, etwa Arbeitslosengeld I (ALG I) oder Hartz IV, für den wird der Beitrag von den Behörden direkt an die Krankenkassen überwiesen. Auch für Rentner ist eine gesetzliche Absicherung für den Krankheitsfall Pflicht – bis auf einige Ausnahmen. In die Krankenversicherung der Rentner (KVdR) wechselt jeder quasi automatisch mit dem Tag der Rentenantragstellung. Die Bemessung der Beiträge ist ähnlich wie bei beruflich Aktiven; hier übernimmt der Rentenversicherungsträger die Hälfte.

Rentner

Pflegeversicherung

Die Pflegeversicherung ist ähnlich organisiert und finanziert wie die Krankenversicherung. Der hälftig von Arbeitgebern und Arbeitnehmern zu bezahlende Beitrag beträgt derzeit 1,95 Prozent des Bruttoeinkommens. Kinderlose müssen zusätzlich 0,25 Prozent zahlen, diesen Anteil tragen sie vollständig selbst.

Seit Juli 2009 gilt ein einheitlicher Versicherungsbeitrag von 14,9 Prozent für alle gesetzlichen Krankenkassen. Davon trägt der Arbeitgeber 7,0 Prozent, der Arbeitnehmer 7,9 Prozent. Die gesamten Beiträge sowie ein weiterer Betrag aus Steuermitteln für die mitversicherten Familienmitglieder fließen zunächst in den großen Gesundheitsfonds. Daraus bekommen dann die einzelnen Krankenkassen Geld für ihre Versicherungsleistungen. Die Höhe bemisst sich danach, wie krank die Mitglieder der jeweiligen GKV im Durchschnitt sind (im Fachjargon: „Morbiditätsrisikostrukturausgleich“). Kassen mit mehr älteren und kranken Patienten erhalten demnach mehr aus dem großen Topf. Der Umfang des „Morbi-RSA“ betrug 2008 annähernd 20 Milliarden Euro.

Morbi-RSA

Die Kassen können jedenfalls derzeit nicht mehr mit der Höhe des Beitragssatzes um Kunden werben, das Geschäftsmodell der „Billigkassen“ hat sich also erledigt, zumindest solange es den Gesundheitsfonds in der momentanen Form gibt. Dennoch soll der Wettbewerb zwischen den gesetzlichen Krankenkassen nach dem Willen der Politik verstärkt werden. Art und Umfang der medizinischen Leistungen sind im Wesentlichen gesetzlich geregelt und bei allen Kassen somit gleich. Unterschiede gibt es dennoch, weil die Kassen diverse Zusatzleistungen anbieten können, die mit gesonderten Wahltarifen zu bekommen sind. Beispiele:

- Die Erstattung von maximal einem Monatsbeitrag, wenn Sie ein Jahr lang keine Leistungen in Anspruch genommen haben.
- „Selbstbehalttarife“: Geringere Beiträge, wenn Sie Kosten bis zu einer bestimmten Höhe selbst zahlen.
- Prämien oder Erlass der Praxisgebühr, wenn Sie an einem der neuen Versorgungsprogramme (siehe ab Seite 25) teilnehmen.

Viele Experten bezweifeln allerdings, dass sich solche Wahltarife für viele Versicherte lohnen.

Außerdem können die Kassen, wenn sie mit dem Geld aus dem Gesundheitsfonds gut auskommen, Prämien an ihre Mitglieder auszahlen, etwa wenn der Versicherte regelmäßig zu Vorsorgeuntersuchungen geht oder einen Gesundheitskurs besucht.

Zusatzbeitrag

Reicht das Geld der gesetzlichen Kasse umgekehrt nicht für alle notwendigen Leistungen, kann sie einen Zusatzbeitrag erheben. Dieser darf derzeit nicht mehr als ein Prozent vom Bruttoeinkommen des Versicherten ausmachen. Allerdings muss der entsprechende Betrag von den Versicherten allein bezahlt werden, der Arbeitgeber übernimmt hier nichts. Wenn die Kasse erstmals einen solchen Zusatzbeitrag erhebt oder einen bereits bestehenden erhöht, haben Sie das Recht, sofort die Kasse zu wechseln. Für das Jahr 2010 zum Beispiel hat der Schätzerkreis des Bundesversicherungsamts ein Defizit von vier Milliarden Euro vorhergesagt – es könnte aber auch deutlich höher ausfallen. Schon Ende 2009 war somit absehbar, dass viele Kassen einen Zusatzbeitrag von durchschnittlich sechs Euro verlangen würden. Auch sonst darf jeder Versicherte zu einer anderen GKV wechseln, aber das ist erst nach drei Jahren Mitgliedschaft mit einer entsprechenden Kündigungsfrist möglich.

Was bedeutet „Versicherungspflicht"?

Mit der Gesundheitsreform von 2007 wurden auch die Grundlagen dafür geschaffen, dass in Deutschland niemand mehr ohne Schutz im Krankheitsfall dasteht. Seit dem 1. Januar 2009 gilt für die 80 Millionen Bundesbürger eine Krankenversicherungspflicht. Entscheidend dafür, ob sie in die GKV eintreten müssen oder sich anderweitig absichern dürfen, ist die Versicherungspflichtgrenze (für 2009: Bruttoeinkommen von 48.600 Euro jährlich beziehungsweise 4.050 Euro monatlich; für 2010: 4.162,50 Euro monatlich). Wer die Versicherungspflichtgrenze in drei aufeinanderfolgenden Jahren überschreitet, kann in die private Krankenversicherung (PKV) wechseln. Selbständige, Freiberufler und Beamte können sich unabhängig vom Einkommen für die PKV entscheiden.

Versicherungspflichtgrenze

Mit der Versicherungspflicht für alle wurden auch die Privatkassen gezwungen, einen Basistarif anzubieten, mit dem zum Beispiel Selbständige wieder eintreten können, die ihren Versicherungsschutz verloren hatten, etwa weil sie die hohen Kosten nicht mehr tragen konnten. Die Kosten für den Basistarif entsprechen denen für die GKV, der Umfang der Leistungen ist auch gleich.

Gedeckeltes Solidarprinzip

Das Solidarprinzip in der Sozialversicherung – je höher das Einkommen, desto höher die Einzahlungen – ist gedeckelt: Wer noch mehr verdient, muss nur bis zur jährlich festgelegten Beitragsbemessungsgrenze prozentuale Beiträge an die GKV abführen (Ähnliches gilt auch für die Rentenversicherung). Anders gesagt: Über diese Grenze hinausgehende Einkünfte bleiben sozialversicherungsfrei. Im Jahr 2009 lag die Beitragsbemessungsgrenze in der Krankenversicherung bei jährlich 44.100 Euro. Konkret heißt das: Ein GKV-Versicherter, der 3.675 Euro im Monat verdient, zahlt die Hälfte von rund 550 Euro (die andere Hälfte übernimmt ja der Arbeitgeber), also knapp 275 Euro. Wer 10.000 Euro monatlich verdient, bezahlt genauso viel. Bei einem monatlichen Bruttoverdienst von 2.000 Euro macht der Arbeitnehmeranteil knapp 150 Euro aus. Für 2010 gilt die GKV-Beitragsbemessungsgrenze von 45.000 Euro pro Jahr (3.750 Euro pro Monat).

Freiwillig gesetzlich versichert

Selbständige müssen nicht, können sich aber freiwillig in der GKV für den Krankheitsfall absichern. Auch für sie gelten Einkommensabhängigkeit der Prämien sowie die Beitragsbemessungsgrenze. Freiwillig in der GKV versicherte Selbständige zahlen jedoch (derzeit) mindestens gut 280 Euro, Existenzgründer knapp 190 Euro.

Unter bestimmten – allerdings sehr strengen – Voraussetzungen ist auch die Rückkehr von einer privaten in die gesetzliche Krankenkasse möglich. Das gilt zum Beispiel, wenn das Einkommen über längere Zeit wieder unterhalb der Versicherungspflichtgrenze liegt. Genaueres erfahren Sie zum Beispiel beim GKV-Spitzenverband unter www.gkv.de.

Rückstand

Aber: Wer mit dem Beitrag zwei Monate oder mehr in Rückstand gerät, dessen Leistungsanspruch ruht, bis gezahlt ist. Ganz ausgeschlossen werden konnen freiwillig Versicherte aber nicht, und selbst wenn Beitragsrückstände entstanden sind, muss die GKV zumindest bei akuten Erkrankungen, also zum Beispiel in Notfällen, zahlen.

Private oder gesetzliche Versicherung: Wie soll ich mich entscheiden?

Die private Krankenversicherung folgt einem ganz anderen Prinzip als die gesetzliche: Der Beitrag bemisst sich nicht nach dem Einkommen, sondern nach Alter und Gesundheitszustand des Versicherten bei Vertragsabschluss sowie dem Umfang der Leistungen. Prinzipiell gilt diese kühl anmutende Versicherungsmathematik auch in Bezug auf das Geschlecht: Frauen haben eine höhere Lebenserwartung, sie leben oft gesundheitsbewusster und nehmen über die Jahre mehr Leistungen in Anspruch, daher sollen sie auch höhere Beiträge zahlen. Allerdings hat der Gesetzgeber inzwischen vorgeschrieben, dass die Kosten für Schwangerschaft und Mutterschaft von den PKV-Versicherten beiderlei Geschlechts gleichermaßen getragen werden müssen.

Versicherungsmathematik

Je höher das Risiko, desto teurer die Versicherung. Zwar muss der Arbeitgeber – wie bei der GKV – die Hälfte des Krankenversicherungsbeitrags zahlen, allerdings nur bis zum Höchstbeitrag der gesetzlichen Krankenkassen. Wenn Sie bei Eintritt in eine private Krankenversicherung schon eine (insbesondere chronische) Krankheit haben, müssen Sie in der Regel Risikozuschläge zum Beitragstarif zahlen. Manchmal werden auch bestimmte Kassenleistungen von vornherein ausgeschlossen.

TIPP

Geben Sie jede Vorerkrankung an

Eventuelle Vorerkrankungen dürfen Sie beim Wechsel in die PKV nicht verschweigen. Denn die Kasse hat das Recht, Auskünfte einzuholen, wenn bei einem Versicherten später eine Erkrankung auftritt. Unter Umständen bleiben Sie auf immensen Behandlungskosten sitzen, wenn Sie keine vollständigen oder falsche Angaben gemacht haben.

Sie überlegen, ob Sie in eine private Krankenkasse eintreten oder wechseln möchten (soweit dies rechtlich für Sie möglich ist)? Im Anhang dieses Buches finden Sie hierzu eine Entscheidungshilfe, die die Vor- und Nachteile in diesem Zusammenhang aufzeigt.

Besonderheit Künstlersozialkasse

Früher waren selbständige Schriftsteller, Maler, Musiker oder Journalisten bei der Kranken- und Altersversorgung ganz auf sich allein gestellt. Sollten Sie zu dieser Gruppe gehören und es noch nicht wissen: Schon seit 1983 gibt es für diese Berufsgruppen die Künstlersozialkasse (KSK). Sie ist für nichtangestellte Künstler und Publizisten zuständig. Verwerter ihrer Werke, also zum Beispiel Verlage, müssen einen bestimmten Anteil der gezahlten Honorare an die KSK abführen. Die andere Hälfte des KSK-Aufkommens tragen die „Freischaffenden" selbst bei. Auf diese Weise kommt eine ähnlich paritätische Finanzierung zustande wie bei anderen Berufsgruppen. Konkret für die Krankenversicherung bedeutet das: Wer – wie die meisten Menschen in Deutschland – Mitglied einer gesetzlichen Krankenversicherung ist, trägt auch hier nur die Hälfte der Beiträge selbst. Wer privat versichert ist, bekommt den seinem Einkommen entsprechenden halben Beitragssatz. Und auch unter diesen Umständen gilt: Wer seinen Arbeitnehmeranteil zwei Monate oder länger nicht zahlt, dessen Leistungsanspruch ruht, bis alle Beitragsrückstände ausgeglichen sind.

Paritätische Finanzierung

KAPITEL 2

Ein rechtliches Vierecksverhältnis – Patienten, Kassen, Kassenärztliche Vereinigungen und Ärzte

Verstehen und Vertrauen

Wenn Sie zum Arzt gehen, tun Sie das in der Regel, weil Sie leiden, Schmerzen haben oder andere Probleme mit Ihrer Gesundheit bestehen. Und weil Sie hoffen, dass Ihnen geholfen wird. Das Arzt-Patienten-Verhältnis basiert also vor allem auf gegenseitigem Verstehen und Vertrauen. Dabei spielt es zunächst einmal – scheinbar – keine Rolle, dass es sich auch hierbei um eine rechtliche Beziehung handelt, die bei den GKV-Versicherten Teil eines komplizierten Gefüges ist. Für Sie als Versicherten und als Patienten ist es jedoch wichtig, diese Strukturen zu durchschauen. Das gilt besonders dann, wenn es zu Unklarheiten oder Streitigkeiten um Ihre Rechte kommt.

Grundsätzlich hat in Deutschland jeder Patient das Recht auf freie Arztwahl. Allerdings übernimmt die GKV die Behandlungskosten lediglich dann, wenn der oder die Versicherte zu einem „Kassenarzt" geht. Die rechtlich korrekte Bezeichnung lautet „Vertragsarzt". Nicht jeder Mediziner hat nämlich die Zulassung, Patienten auf Kosten der GKV zu betreuen (Vertragsarztzulassung), manche behandeln lediglich Privatpatienten. Seit dem Jahr 1999 gibt es die Kassenzulassung auch für Psychotherapeuten.

Zwar können sich GKV-Patienten von Privatärzten oder in Privatkliniken untersuchen oder behandeln lassen, sie müssen dafür aber selbst bezahlen. Das gilt sogar dann, wenn es sich um Leistungen handelt, welche die gesetzliche Krankenkasse eigentlich abdeckt.

GUT ZU WISSEN

Ihr Recht auf eine zweite Meinung

Zur freien Arztwahl gehört auch das Recht, eine zweite Meinung einzuholen. Dafür muss der erstbehandelnde Arzt die notwendigen Patientenunterlagen herausgeben. Insbesondere bei schwerwiegenden Diagnosen oder vor größeren Operationen wollen viele Patienten sich nicht auf den Rat nur eines einzigen Arztes verlassen. Dann können Sie sich zu einem Facharzt (mit Kassenzulassung!) überweisen lassen oder auch – ohne eine Überweisung – zu jedem anderen gewünschten Kassenarzt gehen. Im letzten Fall müssen Sie allerdings erneut eine Praxisgebühr bezahlen.

Anders als in der PKV bezahlen Sie als gesetzlich Versicherter den Arzt in der Regel nicht direkt für seine Dienste. Bei der GKV gilt das „Sachleistungsprinzip“. Das bedeutet: Sie bekommen eine Leistung – eine ärztliche Untersuchung, Medikamente, eine Operation oder eine Massage – und Ihre Krankenkasse regelt das Finanzielle mit dem Leistungserbringer. Darunter fallen Apotheken, Krankenhäuser oder Physiotherapeuten und – indirekt – auch die Ärzte.

TIPP

Kostenerstattung ist mit Risiko verbunden

Sie können auch eine andere Regelung wählen, nämlich die Kostenerstattung, und somit vom gesetzlichen Regelfall abweichen. Wenn Sie das tun wollen, ist Ihre GKV verpflichtet, Sie ausführlich darüber zu beraten. Sie müssen sich dann Ihre Leistungserbringer selbst suchen, so als wären Sie privat versichert. Das heißt aber: Sie müssen die Leistungen vorfinanzieren und die Rechnungen bei der Kasse einreichen. Bei teuren Behandlungen belastet das schnell Ihr Portemonnaie. Vor allem: Die GKV bezahlt immer nur so viel, wie es dem Wirtschaftlichkeitsgebot entspricht, darauf müssen Sie auch die behandelnden Ärzte hinweisen. Machen Sie sich bewusst, dass Sie damit ein hohes Risiko eingehen. Der Sinn einer solchen Kostenerstattung sollte darin bestehen, Transparenz zu fördern und den Patienten anzuhalten, Leistungen sparsam in Anspruch zu nehmen. Unser Fazit: Wir raten trotzdem davon ab.

Welche Aufgaben erfüllen die Kassenärztlichen Vereinigungen?

Bei den niedergelassenen Medizinern ist bei der Abgeltung ihrer Leistungen eine weitere Organisation dazwischengeschaltet: die Kassenärztliche Vereinigung (KV). In jedem Bundesland gibt es eine davon, in Nordrhein-Westfalen sind es zwei. Der Kassenärztlichen Vereinigung gehören automatisch alle Ärzte und Psychotherapeuten an, die zur ambulanten Behandlung von GKV-Patienten zugelassen sind. Die KVen haben die Aufgabe, für die vertragsärztliche Versorgung in den Regionen zu sorgen, also dafür, dass Arztpraxen und Notfalldienste bereitstehen („Sicherstellungsauftrag"). Allerdings gibt es immer wieder Schwierigkeiten, ausreichend Vertragsärzte für eine Tätigkeit zum Beispiel in ländlichen Gegenden insbesondere der östlichen Bundesländer zu gewinnen.

Vertragsärztliche Versorgung

Die KVen schließen mit den Verbänden der Krankenkassen Verträge unter anderem über die ärztliche Vergütung ab und sind dafür zuständig, die insgesamt verfügbaren Honorare auf die einzelnen Kassenärzte zu verteilen. Das erfolgt nach einem komplizierten Verteilungssystem. Ferner wachen die KVen darüber, dass Vertragsärzte ihre Pflichten erfüllen. Sie nehmen in diesen Punkten also hoheitliche Aufgaben wahr.

Die 17 Kassenärztlichen Vereinigungen der Bundesländer sind in einem Dachverband zusammengeschlossen, der Kassenärztlichen Bundesvereinigung (KBV). Sie vertritt die Interessen der Kassenärzte gegenüber Politik und gesetzlichen Krankenversicherungen.

„Direktverträge"

Mittlerweile können gesetzliche Krankenkassen auch „Direktverträge" mit einzelnen Arztgruppen abschließen. Das ist Teil des Versuchs, mehr Wettbewerb und unbürokratischere Strukturen im Gesundheitswesen zu fördern. Darüber hinaus haben Sie als Patient die Möglichkeit, einen zusätzlichen privaten Vertrag mit einem Arzt zu schließen und so auch andere als die Kassenleistungen zu bekommen, aber auf eigene Kosten (siehe Kapitel 7).

Die rechtliche Grundlage für gesetzlich Versicherte ist das schon erwähnte SGB V, das selbstverständlich immer wieder an aktuelle Entwicklungen angepasst wird. Die grundsätzliche Entscheidung, welche Leistungen auf Kosten der GKV beansprucht werden können und welche nicht, trifft also der Gesetzgeber.

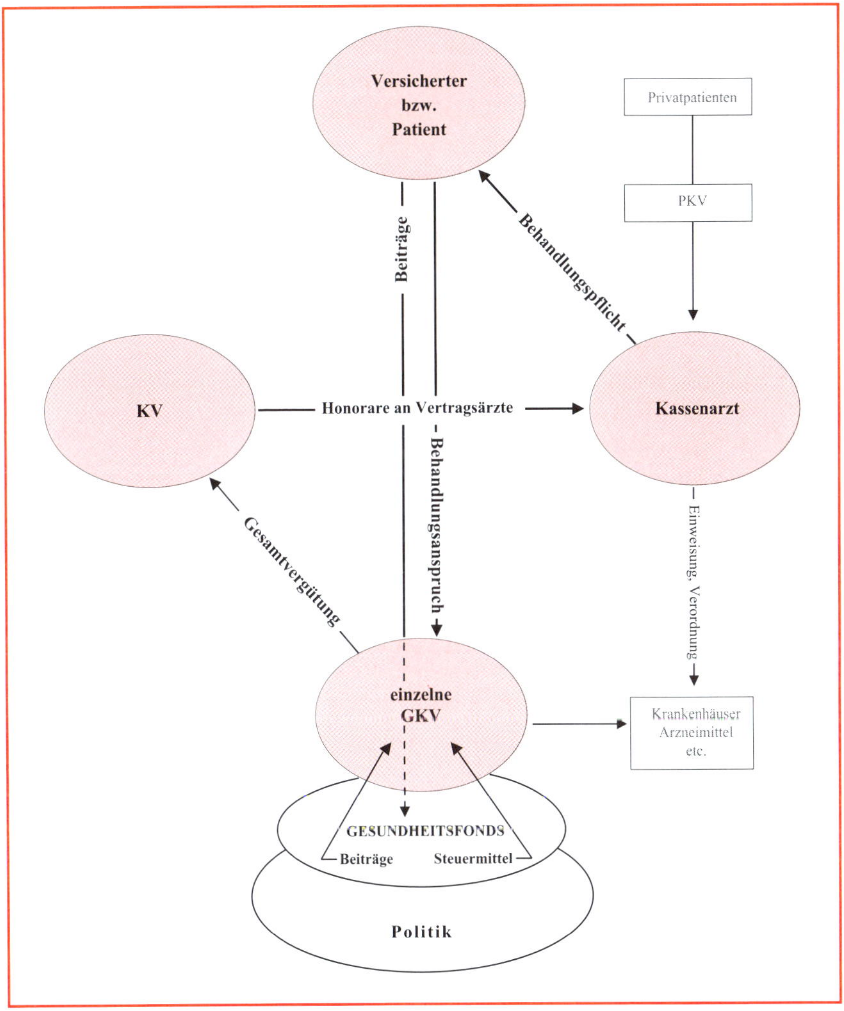

Wozu gibt es den Gemeinsamen Bundesausschuss?

Gemeinsame Selbstverwaltung

Die im Rahmen der Gesetze eigenverantwortliche Zusammenarbeit zwischen gesetzlichen Krankenkassen einerseits und Leistungserbringern (Ärzte, Zahnärzte, Psychotherapeuten, Krankenhäuser) andererseits wird „gemeinsame Selbstverwaltung" genannt. Der Gemeinsame Bundesausschuss (G-BA) ist deren oberstes Beschlussgremium. Er erlässt verbindliche Richtlinien und bestimmt so, was die GKVen in der Praxis zu bezahlen haben. Neben dem aktuellen Stand der medizinisch-wissenschaftlichen Erkenntnisse muss der Ausschuss Nutzen und Risiken sowie die Wirtschaftlichkeit einer medizinischen Maßnahme im Vergleich zu anderen berücksichtigen. Kassen und Leistungserbringer stellen je fünf Mitglieder des Gremiums, der Vorsitzende sowie zwei weitere Mitglieder sind neutrale Sachverständige. Außerdem nehmen Patientenvertreter an den Sitzungen teil, allerdings haben sie kein Stimmrecht.

Durch mehrere Gerichtsentscheidungen wurde bestätigt, dass das Bundesgesundheitsministerium die Entscheidungen des Gremiums (soweit kein Rechtsverstoß erkennbar ist) akzeptieren muss. Ebenso gilt, dass die Krankenkassen die Kosten für als zulässig erkannte medizinische Maßnahmen übernehmen müssen.

Qualitätssicherung

Der G-BA ist zusätzlich für die Qualitätssicherung im Gesundheitswesen zuständig. Um eine wissenschaftliche Grundlage für seine Entscheidungen zu bekommen, erteilt er Aufträge an das „Institut für Qualität und Wirtschaftlichkeit im Gesundheitswesen" (IQWiG). Diese unabhängige Einrichtung wurde 2004 vom Gesetzgeber gegründet, mit seiner Expertise unterstützt es den G-BA. Darüber hinaus gibt das IQWiG allgemeinverständliche Patienteninformationen heraus. Die Stellungnahmen des IQWiG stoßen ebenso wie die Entscheidungen des G-BA bei Interessenvertretern des Öfteren auf Kritik.

Welche Vorteile bieten die „neuen Versorgungsformen"?

Mit den letzten Gesundheitsreformen sind einige neue Arten der Krankenversorgung eingeführt worden, die zum einen die Qualität der Behandlung verbessern, zum anderen Kosten verringern sollen. Damit haben sich einige Rechte und Pflichten verändert, die auch Vorteile für die Patienten bringen.

Betreuung chronisch kranker Menschen

Dauerhafte Krankheit

Wenn Sie an einer dauerhaften Krankheit leiden, ist es durchaus sinnvoll, sich von einem bestimmten Arzt betreuen zu lassen, der den Überblick über Ihre gesamte Entwicklung, die Behandlungen einschließlich der Medikamente sowie über Ihre Lebensführung hat. Dazu dienen Disease-Management-Programme (DMP). Es gibt sie derzeit für:

- Diabetes Typ I und II,
- die koronare Herzkrankheit (KHK),
- Asthma und die chronisch obstruktive Lungenerkrankung (COPD) sowie
- für Brustkrebs.

Sie können sich freiwillig für die kostenlose Teilnahme an einem DMP entscheiden. Die Kassen bieten als Anreiz einige Vergünstigungen an, etwa die Erstattung der Praxisgebühr, Prämienzahlungen oder auch Ermäßigungen bei Zuzahlungen. Dafür verzichten Sie zum Teil auf Ihr Recht der freien Arztwahl. Nach einer Statistik aus dem Herbst 2009 hatte sich zu dem Zeitpunkt bereits jedes 13. Mitglied einer GKV – das sind 5,5 Millionen Versicherte – in ein solches Programm eingeschrieben. Untersuchungen zeigen am Beispiel von Diabetikern, dass die Chroniker-Programme die Versorgung verbessern können.

Wenn für Sie diese erst seit wenigen Jahren angebotene Form der ärztlichen Versorgung attraktiv ist, fragen Sie einfach den Arzt Ihres Vertrauens, ob er am entsprechenden DMP teilnimmt. Er muss dafür bei der Kassenärztlichen Vereinigung eine Zulassung beantragt haben. Die wird ihm erteilt, wenn er sich zur regelmäßigen Weiterbildung auf dem entsprechenden Gebiet verpflichtet und bei Diagnostik und Therapie nach den wissenschaftlich erarbeiteten Leitlinien vorgeht. Die Krankenkasse muss ihrerseits einen DMP-Vertrag für Ihre Region geschlossen haben.

Beraten Sie zusammen mit Ihrem Arzt, ob ein DMP für Sie möglich und sinnvoll ist. Wenn alles dafür spricht, füllen Sie eine Teilnahmeerklärung aus. Ferner muss eine Erstdokumentation unter anderem Ihrer Krankheitsdaten und der verordneten Medikamente erstellt werden. Mit Ihrer Erklärung schließen Sie einen Vertrag ab, der insbesondere bedeutet, dass Sie bereit sind, Ihren „Behandlungsprozess aktiv zu unterstützen". Das heißt konkret, dass Sie beispielsweise an den ärztlich empfohlenen Schulungen teilnehmen.

Was aber, wenn Ihr Hausarzt kein DMP anbietet oder Sie ohnehin einen neuen Arzt suchen, etwa nach einem Umzug? Auch dann ist die Suche nicht allzu kompliziert. Zunächst hilft ein Anruf bei Ihrer GKV weiter, um sich zu informieren. Die Kassenärztliche Vereinigung in Ihrer Region kann Ihnen dann entsprechende Arztlisten geben. Sie können dort anrufen und nach dem Arzt-Lotsendienst fragen oder sich auf der Internetseite Ihrer KV informieren (Adressen siehe Anhang).

Anruf bei Ihrer GKV

Die Chroniker-Programme sind keine neuartigen Therapien, sondern wirken eher koordinierend und unterstützend. Alle Therapieentscheidungen werden zwischen den mitbehandelnden Ärzten abgesprochen. Die Patienten bekommen für Laien verständliche Informationsbroschüren, zudem werden Kurse und Schulungen angeboten. Ein DMP umfasst auch Erinnerungen (per Brief oder E-Mail) an Arzttermine, zum Beispiel für den Zuckerkranken, der einmal jährlich zum Augenarzt gehen sollte. Falls Sie mit dieser neuen Art der Behandlung nicht zufrieden sind, können Sie die DMP-Teilnahme jederzeit und ohne Angabe von Gründen (schriftlich) kündigen.

Hausarztmodelle

Auch wenn Sie nicht chronisch krank sind, kann es sinnvoll sein, von einem qualifizierten Allgemeinmediziner betreut zu werden, der Ihren Gesundheitszustand und Ihre Lebensumstände kennt. Nachdem es so schien, als wäre der gute, alte Hausarzt fast ausgestorben, sollen seit einigen Jahren Hausarztmodelle die Qualität der Versorgung verbessern sowie belastende und kostentreibende Doppeluntersuchungen vermeiden helfen. Praktisch funktioniert das so: Sie verpflichten sich, im Krankheitsfall immer erst zu einem bestimmten Hausarzt zu gehen, den Sie sich ausgesucht haben. Damit verzichten Sie darauf, ohne Überweisung einen Facharzt aufzusuchen (ausgenommen davon sind Gynäkologen, Augenärzte und Zahnärzte). Rechtsgrundlage dafür ist ein Vertrag, der regional zwischen Ärzten und Krankenkassen geschlossen wird. Um am Hausarztmodell teilnehmen zu können, müssen Sie sich bei Ihrer Krankenkasse oder direkt beim Arzt dafür einschreiben – und zwar mindestens für ein Jahr. Die Vereinbarung kann jeweils vier Wochen vor Jahresende gekündigt werden. Solange sie aber besteht, ist sie verbindlich: Ein eigenmächtiger Gang zum Facharzt oder ein Wechsel des Doktors kann in dieser Zeit teuer werden. Sie sollten sich also vorher überlegen, wie Sie es mit Ärzten halten. Wenn Sie Ihrem Arzt treu verbunden und auf eine dauerhafte Betreuung angewiesen sind, bietet das Hausarztmodell sicherlich eine Perspektive.

Verbesserung der Versorgung

Für die Teilnahme an einem Hausarztmodell geben die Kassen ebenfalls Anreize: Die meisten erlassen die Praxisgebühr, einige zahlen Prämien oder reduzieren Zuzahlungen. Außerdem bieten manche der beteiligten Hausärzte Abendsprechstunden und verkürzte Wartezeiten für teilnehmende Patienten an. Aber: Das Ganze steht und fällt mit der ausreichenden Qualifikation der beteiligten Mediziner. Und bisher haben längst nicht alle Krankenkassen Hausarztverträge abgeschlossen, obwohl der Gesetzgeber sie verpflichtet hatte, dies bis Ende Juni 2009 zu tun.

Integrierte Versorgung

Patienten und Gesundheitspolitiker beklagen, dass die Versorgung in der Arztpraxis einerseits und diejenige im Krankenhaus andererseits hierzulande zu stark voneinander getrennt sind. Was das praktisch heißt, haben Sie womöglich schon öfter am eigenen Leib erfahren: Ihr niedergelassener Arzt hat eine aufwändige Diagnostik vorgenommen, und in der Klinik wird alles noch einmal wiederholt. Oder die Mediziner im Krankenhaus verordnen Ihnen ein bestimmtes Medikament, der Hausarzt will das aber nicht weiter verschreiben, weil er ein anderes Mittel für geeigneter hält oder es preiswerter ist.

Versorgung aus einem Guss

Mit dem Modell der Integrierten Versorgung hat sich das teilweise zum Besseren gewendet. Krankenkassen können Verträge mit einzelnen Haus- oder Facharztpraxen sowie mit Krankenhäusern und Reha-Einrichtungen schließen, um die Zusammenarbeit zu verbessern. „Medizinische Versorgung aus einem Guss“ heißt das Zauberwort: Alle Ärzte, die an der Behandlung eines Patienten beteiligt sind, sollen sich über Diagnose, Krankheitsverlauf, Behandlungsziele und Therapie verständigen. Arzneimittelverschreibungen können auf diese Weise besser aufeinander abgestimmt und Doppeluntersuchungen vermieden werden.

Eine sinnvolle Nachsorge soll ebenfalls gesichert sein, deshalb sind in die Kooperationsverträge auch Angehörige anderer Heilberufe eingebunden, zum Beispiel Psychotherapeuten oder Physiotherapeuten. In den Verträgen zur Integrierten Versorgung werden neben den Leistungen alle Einzelvergütungen und die Gesamtkosten festgelegt. Derzeit gibt es solche Kooperationsmodelle für bestimmte komplexe und weit verbreitete Krankheitsbilder, zum Beispiel für Herz-Kreislauf-Erkrankungen, Depressionen oder Krebs, sowie für Knie-, Hüft- oder Bandscheibenoperationen.

Um als Patient in den Genuss einer Integrierten Versorgung zu kommen, müssen Sie sich allerdings zuerst einmal gründlich informieren. Die Angebote variieren regional und von Kasse zu Kasse sehr. 2009 bestanden bereits 6.000 solcher Verträge, wobei die regionale Verteilung sehr unterschiedlich ist. Sie können entweder Ihren behandelnden Arzt direkt fragen, ob er in einem solchen Netz tätig ist, oder Sie erkundigen sich bei Ihrer Krankenkasse, welche Krankenhäuser und Ärzte Verträge zur Integrierten Versorgung geschlossen haben. Müssen Sie sich beispielsweise einer Hüftgelenksoperation unterziehen, können Sie auch zuerst ein teilnehmendes Krankenhaus auswählen und sich dort niedergelassene Ärzte für die Nachbehandlung nennen lassen. Dann müssen Sie nur noch bei Ihrer Krankenkasse einen entsprechenden Vertrag unterschreiben. Voraussetzung ist selbstverständlich Ihr Einverständnis, dass die Ärzte, das Krankenhaus und sonstige Leistungserbringer Ihre Befunde und Behandlungsdaten austauschen.

Beispiel

Was bringt Ihnen das? Auch für die Teilnahme an der Integrierten Versorgung gewähren die Kassen unterschiedliche Bonuszahlungen, erlassen zum Beispiel die Praxisgebühr oder verringern die Zuzahlungen. Vor allem aber haben Sie den Vorteil, dass die Wege kürzer werden und Sie in der Regel auch schneller Untersuchungs- und OP-Termine bekommen. Zudem werden die Nachsorge und Rehabilitationsmaßnahmen besser koordiniert. Jedoch können sich auch hier finanzielle Nachteile ergeben, wenn Sie nämlich Ihrerseits Verpflichtungen nicht einhalten. Der Vertrag zur Integrierten Versorgung endet, wenn die Behandlung abgeschlossen ist oder wenn Sie die Kasse wechseln.

Bonuszahlungen

Vertragspartner bei der Integrierten Versorgung können nicht nur die bisher genannten sein, auch Medizinische Versorgungszentren (MVZ) kommen infrage: Ähnlich wie in den Ambulatorien in der DDR sollen Ärzte verschiedener Fachrichtungen sowie andere Gesundheitsberufe innerhalb eines Hauses miteinander kooperieren, in der Regel als Angestellte des MVZ. Krankenhäuser, die sich an der Integrierten Versorgung beteiligen, dürfen Menschen mit schweren oder seltenen Erkrankungen auch nach der Entlassung aus der Klinik weiterbehandeln. Unter anderem auf diese Weise wurden mit der Gesundheitsreform 2007 Krankenhäuser stärker für die ambulante Versorgung geöffnet. Viele Vertreter der niedergelassenen Ärzte sind darüber nicht begeistert.

Von der Versichertenkarte zur E-Card?

Praxisgebühr

Trotz Ihrer GKV-Beiträge müssen Sie aus eigener Tasche Geld für die Gesundheit drauflegen. Das gilt zum Beispiel für das „Eintrittsgeld", wie manche die berühmt-berüchtigte Praxisgebühr nennen, die bei jedem ersten Arztbesuch im Quartal anfällt. An dieser Stelle sei darauf hingewiesen, dass die zehn Euro pro Vierteljahr nicht an die Ärzte, sondern an die Krankenkassen gehen. Das gilt auch für die Zuzahlungen bei Medikamenten und anderen GKV-Leistungen (mehr hierzu ab Seite 33).

Der „Krankenschein" gehört der Vergangenheit an. In der Arztpraxis müssen Sie nun zum Quartalsbeginn Ihre Krankenversichertenkarte vorlegen. Für andere Leistungen stellt die GKV den Versicherten Berechtigungsscheine aus.

„Gläserner Patient"

Die Versichertenkarte soll bald zu einem elektronischen Patientenausweis erweitert werden. Der Arzt kann dann auch Daten zur Krankengeschichte und zu Behandlungen ablesen und – nur ein Beispiel – problematische Arzneimittelkombinationen erkennen. Auch der Missbrauch von Versichertenkarten soll dadurch ausgeschlossen werden. Obwohl bei der Umstellung alle Datenschutzaspekte berücksichtigt werden sollen, befürchten einige ärztliche Organisationen, dass sich das Problem des „gläsernen Patienten" stellen wird. Die Befürworter des elektronischen Patientenausweises wiederum mutmaßen, dass Mediziner lediglich eine stärkere Kontrolle ihrer Tätigkeit fürchten. Bisher sind die „E-Cards" modellhaft in bestimmten Regionen in Benutzung. Ob die schon mehrfach verschobene bundesweite Einführung tatsächlich bis Ende des Jahres 2010 realisiert wird, ist noch vollkommen offen.

KAPITEL 3

Ihre Ansprüche gegenüber der gesetzlichen Krankenkasse

Generell übernimmt die GKV alle Kosten für die gesamte Behandlung von Krankheiten, einschließlich der notwendigen diagnostischen Maßnahmen, Medikamente, Heil- und Hilfsmittel, Vorsorge, Nachsorge, Krankengeldzahlungen und anderes mehr. Dies gilt auch für Unfälle, soweit sie nicht berufsbedingt sind (dann ist die Berufsgenossenschaft zuständig). Wie schon beschrieben: Ihre grundsätzlichen Rechte als Patient regelt das SGB V, und sie werden im Detail oft vom Gemeinsamen Bundesausschuss festgelegt. Patienten haben laut SGB V Anspruch auf:

- Verhütung von Krankheiten
- Früherkennung von Krankheiten
- Behandlung von Krankheiten
- Rehabilitation, um Behinderung oder Pflegebedürftigkeit abzuwenden

Drei zentrale Begriffe

Auf welche Leistungen Sie Anspruch haben, hängt nicht davon ab, wie viel Beitrag Sie bezahlen. Vielmehr müssen die Maßnahmen „notwendig, ausreichend und zweckmäßig" sein. Die Auslegung dieser drei zentralen kassenrechtlichen Begriffe und das Verständnis von Wirtschaftlichkeit wandeln sich allerdings stetig. Häufig führt das auch zu gerichtlichen Auseinandersetzungen.

An erster Stelle steht für Patienten selbstverständlich die Behandlung durch den niedergelassenen Vertragsarzt. Dazu zählen auch Hilfeleistungen von Dritten, die vom Arzt angeordnet und von ihm zu verantworten sind. Im Krankenhaus haben Sie Anspruch auf alle Leistungen, die für die medizinische Versorgung notwendig sind, also ärztliche Behandlung und Krankenpflege, Medikamente sowie andere Heil- und Hilfsmittel. Hinzu kommen die Unterkunft (im Mehrbettzimmer), Verpflegung und sogar – soweit dies aus medizinischen Gründen notwendig ist – die Mitaufnahme einer Begleitperson. Kritisch wird es allerdings, wenn Sie zwar unbestreitbar behandlungsbedürftig sind, dies aber wegen einer Folgeerkrankung nach nicht notwendigen medizinischen Eingriffen, zum Beispiel bei Komplikationen nach Schönheitsoperationen. Dann kann die Krankenkasse die Leistungen kürzen und Ihnen einen Teil der Kosten aufbürden.

Eigenbeteiligung: Was muss ich selbst zahlen?

Sie erwarten, dass Sie für Ihre Beiträge die komplette medizinische Betreuung bekommen? Das stimmt so leider nicht! Sie müssen zusätzlich Bargeld auf den Tisch legen oder sich bestimmte Beträge abziehen lassen.

Die Praxisgebühr

Prinzipiell müssen Sie zehn Euro in der Praxis bezahlen, die Sie als Erstes in einem Quartal aufsuchen. Das gilt auch, wenn Sie beispielsweise mit einer Blasenentzündung Ihren Arzt erstmals am 29. Juni aufsuchen und am 1. Juli zur Nachkontrolle müssen – Sie müssen dann zweimal die Praxisgebühr zahlen. Wenn Sie sich von Ihrem Hausarzt eine Überweisung zu einem bestimmten Facharzt ausstellen lassen, müssen Sie in dessen Praxis in diesem Quartal keine weitere Praxisgebühr bezahlen. Auch wenn das eigentlich nicht Sinn der Sache ist: Überweisen kann der Arzt, der die Praxisgebühr kassiert hat, also auch der Frauen- zum Hautarzt. Für den Zahnarztbesuch allerdings gilt dies nicht, hier sind weitere zehn Euro pro Quartal fällig. Übrigens: Die Gebühr wird nicht nur beim persönlichen Besuch in der Arztpraxis fällig, sondern auch, wenn Sie nur ein Rezept erhalten, eine telefonische Auskunft wollen oder zur Blutabnahme gehen; und ebenso, wenn Sie mit verstauchtem Knöchel als Notfall zu

Überweisung

einem Orthopäden humpeln. Wie schon erwähnt, die Vertragsärzte haben davon nichts: Die Gebühr, die sie von ihren Patienten kassieren müssen, wird mit ihrem Honorar verrechnet – was für die Ärzte zudem einen hohen bürokratischen Aufwand bedeutet. Und es gibt durchaus sozialpolitische Bedenken gegen diese Regelungen: Wer wenig Geld zur Verfügung hat, vermeidet womöglich auch einen eigentlich notwendigen Arztbesuch.

Ausnahmen

Ausgenommen von der Praxisgebühr sind Kinder und Jugendliche unter 18 Jahren. Außerdem wird sie nicht fällig bei reinen Vorsorgeuntersuchungen sowie bei Terminen zur Schwangerenvorsorge, Schutzimpfungen und zwei Kontrollbesuchen beim Zahnarzt pro Jahr. Letzteres gilt aber nur, wenn der Sie nicht gleichzeitig behandelt.

Zuzahlungen

Für die Zuzahlungen bei den ab Seite 35 aufgeführten GKV-Leistungen lautet eine der Regeln: Sie machen zehn Prozent der Kosten, mindestens aber fünf und höchstens zehn Euro aus. Das haben Sie sicher schon festgestellt, wenn Sie sich Medikamente aus der Apotheke abholen. Verordnungen für Kinder bis zum zwölften Lebensjahr sowie für Jugendliche mit Entwicklungsstörungen sind von der Arzneimittelzuzahlung befreit. In vielen anderen Fällen beträgt der Eigenanteil zehn Prozent von den tatsächlichen Kosten, zum Teil zusätzlich zehn Euro pro Verordnung. Genaueres hierzu folgt weiter unten.

„Belastungsgrenze"

Kinder und Jugendliche unter 18 Jahren müssen grundsätzlich keine Zuzahlungen leisten. Für Erwachsene sind die Zuzahlungen in bestimmten Fällen der Höhe nach begrenzt, manche sind ganz davon befreit: Es gibt eine allgemeine „Belastungsgrenze“ für die jährliche Eigenbeteiligung: So dürfen alle Zuzahlungen zusammen nicht mehr ausmachen als zwei Prozent des Bruttoeinkommens. Für Kinder und Ehepartner ohne eigenes Einkommen gibt es zusätzlich Freibeträge.

TIPP

Sammeln Sie alle Belege über Zuzahlungen

Ob die Belastungsgrenze überschritten ist, stellt sich immer erst im Nachhinein heraus. Sie sollten daher unbedingt alle Belege über Zuzahlungen sammeln. Sobald Sie die Belastungsgrenze erreicht haben, können Sie einen Antrag bei Ihrer Kasse stellen. Sie bekommen dann eine Bescheinigung, dass Sie für das laufende Kalenderjahr von allen weiteren Zuzahlungen befreit sind.

Für chronisch kranke Menschen liegt die Belastungsgrenze niedriger, nämlich bei einem Prozent des Bruttojahreseinkommens. Wer davon betroffen ist, muss der Kasse zusätzlich eine ärztliche Bescheinigung vorlegen, dass er eine chronische Krankheit hat. Als chronisch krank gilt zum Beispiel jemand, dessen Gesundheitszustand oder Lebensqualität sich absehbar auf Dauer verschlechtert und der auf häufige Arztbesuche angewiesen ist. Die Definition trifft ferner auf Pflegebedürftige ab Stufe II sowie auf Menschen zu, die mindestens zu 60 Prozent behindert beziehungsweise erwerbsgemindert sind.

Überforderungsklausel

Wenn Sie generell ein besonders niedriges Einkommen haben (rund 11.000 Euro im Jahr oder weniger), etwa auch als Hartz-IV-Empfänger oder Rentner, gilt für Sie die „Überforderungsklausel“: Dann können Sie sich mittels Bescheinigung Ihrer Kasse von Zuzahlungen komplett befreien lassen. Auch wer an einem der neueren Versorgungsmodelle teilnimmt (siehe Seite 25ff.), wird (teilweise) von Zuzahlungen und Praxisgebühren befreit.

Zuständig in Zweifelsfällen: der Medizinische Dienst der Krankenversicherung

Häufig ergeben sich Meinungsverschiedenheiten darüber, was die gesetzlichen Krankenkassen (und auch die Pflegeversicherungen) bezahlen müssen. Oder es bestehen Zweifel daran, ob jemand wirklich unter der angegebenen Gesundheitsstörung leidet. Für solche Fälle haben die Kassen eine eigene Gutachterorganisation: den Medizinischen Dienst der Krankenversicherung (MDK).

Wirtschaftlichkeitsgebot

Zu den Aufgaben der Krankenkassen gehört es, das Wirtschaftlichkeitsgebot des SGB V zu befolgen, indem sie zum Beispiel in bestimmten Fällen überprüfen, ob angeordnete medizinische Maßnahmen notwendig sind. Ferner sollen die GKVen Patienten vor nicht ausgereiften und unnötig gefährlichen Methoden schützen sowie auf ausreichende Qualität der Gesundheitseinrichtungen achten. Genau dafür wurde der MDK eingerichtet.

Als Patient haben Sie es dann mit dem MDK zu tun, wenn Zweifel bestehen: an der Arbeitsunfähigkeit, an der zweckmäßigen und wirtschaftlichen Verordnung von Arznei-, Heil- und Hilfsmitteln sowie an der Notwendigkeit und Dauer von stationären Behandlungen, häuslicher Krankenpflege, Reha-Maßnahmen und Kuren. Die Gutachter des MDK werden nicht von Ihrer persönlichen GKV geschickt, sondern von einer gemeinsamen Organisation aller gesetzlichen Kassen der Region. Ihrem Auftrag zufolge sind die Gutachter in ihren Bewertungen unabhängig, also neben dem Wirtschaftlichkeitsgebot vor allem dem aktuellen Stand der medizinwissenschaftlichen Erkenntnisse verpflichtet. Dennoch werden sie von Patienten oft als „Sparkommissare" gesehen, die versuchen, den Kassen möglichst viele Ausgaben zu ersparen. Eine Reihe von Einzelfällen deutet darauf hin, dass dieser Vorwurf durchaus manchmal berechtigt ist – bei Pflegeleistungen offenbar häufiger als bei der medizinischen Versorgung. Richtig ist aber auch, dass die Gutachter nur Vorschläge machen, die Entscheidung liegt bei den Kassen selbst.

Vorschläge vom Gutachter

Von A bis Z: Was wird wann bezahlt?

Wie mehrfach erwähnt: Die gesetzlichen Krankenkassen dürfen nicht alles bezahlen, weil sie dem Wirtschaftlichkeitsgebot unterliegen. Es gibt jedoch Grenz- oder Zweifelsfälle.

Wenn Sie mit der Entscheidung Ihrer GKV nicht einverstanden sind, steht Ihnen der Rechtsweg offen (siehe Kapitel 6). Doch bevor Sie widersprechen, müssen Sie erst wissen, was Sie ohne Probleme erhalten und was definitiv aus der Leistungspflicht ausgeschlossen ist.

Alternative Behandlungsmethoden

„Komplementäre Medizin"

Viele Menschen schwören auf alternative Heilmethoden und Naturheilverfahren. Mit manchen Mitteln und Maßnahmen aus der „komplementären Medizin“ haben sowohl Patienten als auch Ärzte gute Erfahrungen gemacht. Dennoch gilt: Ein Wirksamkeitsnachweis ist aus methodischen Gründen oft schwieriger als bei der wissenschaftlich fundierten modernen Medizin, oftmals liegen keinerlei aussagekräftigen Studien vor. Daher dürfte es für Patienten hier noch schwieriger sein als in der „Schulmedizin“, sich zu orientieren und das Passende für sich zu finden. Zumindest erwähnt werden soll aber, dass auf diesem Gebiet besonders viele Quacksalber und Abzocker ihre Dienste anbieten.

Fürsorgepflicht

Ein Problem stellt sich aber unabhängig von Ihrer persönlichen Meinung: Die Kosten für alternative Heilmethoden werden von den gesetzlichen Krankenkassen nur selten erstattet. Über Ausnahmen entscheidet der Gemeinsame Bundesausschuss. Er soll dabei eine Fürsorgepflicht für Patienten übernehmen und nur Verfahren zulassen, deren Wirksamkeit einigermaßen erwiesen ist – so das Bundessozialgericht (BSG). Der G-BA hat zum Beispiel Akupunktur bei chronischen Knie- oder Rückenschmerzen als GKV-Leistung definiert. Bei einigen anderen Methoden hat das Gremium dagegen ausdrücklich festgestellt, dass sie nicht auf Kassenkosten verordnet werden dürfen, zum Beispiel die Magnetfeld- und die Sauerstofftherapie sowie die Eigenblut- und Eigenharntherapie. Wenn eine GKV eine naturheilkundliche oder homöopathische Behandlung bezahlt, dann nur, wenn ein Vertragsarzt sie durchführt. Honorare für Heilpraktiker müssen Sie also in jedem Fall selbst zahlen.

Im Rahmen des Wettbewerbs zwischen den gesetzlichen Krankenkassen erstatten manche freiwillig die Kosten für Methoden wie anthroposophische Therapie oder Autogenes Training, wenn es als Entspannungsverfahren bei psychosomatischen Störungen und chronischen Schmerzen eingesetzt wird. Auch die Behandlung mit einigen pflanzlichen Medikamenten übernehmen manche Kassen.

Verständlich ist, dass Menschen, die an einer sehr schweren, womöglich tödlichen Krankheit leiden, nach jedem Strohhalm greifen, selbst wenn der Nutzen einer Therapie umstritten ist. So bieten einige Kassen insbesondere alternative Krebstherapien als GKV-Leistung an, zum Beispiel die Behandlung mit Mistelpräparaten. Und: Für Schwerstkranke, denen andere Methoden nicht mehr helfen, haben Bundesverfassungs- und Bundessozialgericht schon mehrfach geurteilt, dass gesetzliche Kassen alternative Behandlungen bezahlen müssen.

TIPP

Holen Sie vorab Informationen ein

Sie sollten stets vorab bei Ihrer Krankenkasse nachfragen, unter welchen Voraussetzungen und bei welchen Therapeuten Sie eine Leistung auf Kassenkosten in Anspruch nehmen können. Einen Überblick darüber, welche GKV welche „Alternativmethoden" bezahlt, gibt ein PDF-Dokument, das Sie aus dem Internet herunterladen können: http://www.gesetzlichekrankenkassen.de/leistungsvergleich/natur/natur.html.

Atteste

Atteste benötigen Sie zum Beispiel für den Arbeitgeber oder um Ihr Kind vom Sportunterricht befreien zu lassen. Zwar sind Sie oft darauf angewiesen, einen solchen Nachweis vorzulegen, aber auch, wenn man das als ungerecht empfinden kann: Für Atteste müssen Sie selbst bezahlen.

Der Doktor rechnet nach der Gebührenordnung für Ärzte (GOÄ) ab, wenn er ein Attest erstellt. Die Kosten fallen je nach seinem Arbeitsaufwand sehr unterschiedlich aus. Anhaltspunkte: Die untere Grenze liegt bei fünf bis 15 Euro, wenn keine Untersuchung erforderlich ist und nur ein Formular ausgefüllt werden muss. Ausführliche Atteste kosten um die 40 bis 50 Euro, spezielle Bescheinigungen wie Sporttauglichkeitsatteste, für die ärztliche und labormedizinische Untersuchungen notwendig sind, können um die 100 Euro oder gar mehr kosten.

Ausführliche Atteste

In vielen Arztpraxen hängt eine Übersicht der Kosten aus. Manche Ärzte berechnen für das Ausstellen eines einfachen Attests nichts, auch wenn es heißt, dies sei berufsrechtlich nicht statthaft. Dabei dürfte die Bereitschaft zur Kulanz bei „Stammpatienten“ größer sein als bei jemandem, der nur wegen der Bescheinigung in die Praxis kommt.

Auslandsaufenthalte

Als gesetzlich Versicherter haben Sie in vielen Fällen grundsätzlich auch Anspruch auf medizinische Versorgung, wenn Sie sich im Ausland aufhalten – sei es wegen eines kurzen Urlaubs oder für längere Zeit. Allerdings ist das besonders kompliziert, daher können wir hier nur ein paar grundsätzliche Regelungen darlegen. Bei Detailfragen zum Thema gesetzliche Krankenversicherung und Auslandsaufenthalt wenden Sie sich am besten an die Deutsche Verbindungsstelle Krankenversicherung – Ausland (DVKA, Adresse siehe Anhang). Sie gehört zum GKV-Spitzenverband und bietet auf ihrer Internetseite (www.dvka.de) viele Informationen sowie einige Broschüren zum Herunterladen.

Grundsätzliche Regelungen

So weit wie möglich werden zwischenstaatliche Abkommen darauf ausgerichtet, den Menschen Kosten aufgrund von doppelten Versicherungen zu ersparen. Relativ einfache Regelungen gelten in der Schweiz sowie für alle Staaten des Europäischen Wirtschaftsraums (EWR). Dazu gehören neben den EU-Ländern Island, Liechtenstein und Norwegen. Ferner hat die Bundesrepublik entsprechende Sozialversicherungsabkommen mit einigen anderen Ländern – zum Beispiel Australien, China, Israel, Japan, Kanada, Kroatien und der Türkei – geschlossen.

Im Urlaub

Plötzliche Erkrankung

Im Urlaub haben Sie nur Anspruch auf sofort erforderliche Maßnahmen, das heißt, wenn Sie plötzlich erkranken und direkt behandelt werden müssen. In Notfällen zahlt die GKV für ärztliche und zahnärztliche Behandlung, für Arzneimittel und dringend notwendige Krankenhausbehandlungen. Art und Umfang richten sich immer nach den Vorschriften, die in den einzelnen Ländern gelten. Grundsätzlich werden höchstens die Kosten erstattet, die Ihre GKV auch in Deutschland übernehmen müsste.

BEISPIEL

Notfall in Frankreich

Sie machen Urlaub in Frankreich und treten sich die Stacheln eines Seeigels in den Fuß. Sie gehen zum Arzt und legen ihm Ihre Europäische Versichertenkarte vor. Genauso wie französische Patienten müssen Sie das komplette Arzthonorar sofort zahlen. Dafür händigt Ihnen der Doktor eine Bescheinigung über Behandlung und Kosten aus. Außerdem verschreibt er Ihnen eine Salbe, die Sie in der Apotheke holen und bezahlen. Mit allen Belegen gehen Sie zu einer Stelle der französischen Sozialversicherung, die Ihnen die Kosten nach französischem Recht erstattet. Ähnliches gilt, wenn die Stacheln dann doch noch im Krankenhaus herausoperiert werden müssen. Übrigens: Die Zuzahlungen sind in Frankreich teilweise drastisch höher als bei uns.

Ist es Ihnen gar nicht möglich, sich an eine zuständige Stelle im Urlaubsland zu wenden, können Sie die Rechnungen auch Ihrer Krankenkasse in Deutschland vorlegen. Hier wird dann geprüft, welcher Betrag Ihnen erstattet wird.

Sie können aber nicht eigens nach Italien fahren, um eine Gesundheitsstörung therapieren zu lassen, nur weil Ihnen Landschaft und Wetter dort besser gefallen. Allerdings gibt es Möglichkeiten, sich unter bestimmten Voraussetzungen doch in einem anderen EU-Land behandeln zu lassen. Das muss vorher genehmigt werden, fragen Sie also in derartigen Fällen bei Ihrer Krankenkasse nach.

Versichertenkarte

Wenn Sie sich im Ausland behandeln lassen, müssen Sie übrigens nicht mehr, wie früher, einen Auslandskrankenschein dabei haben, sondern können beim Arzt oder im Krankenhaus einfach Ihre Versichertenkarte vorlegen. Auf der Rückseite steht nämlich, dass sie auch als „Europäische Krankenversicherungskarte" gilt. Trotzdem entsteht Ihnen bürokratischer Aufwand, und Sie müssen die Kosten für erbrachte Leistungen zunächst einmal auslegen.

Arbeiten im Ausland

Wenn Sie in Deutschland gesetzlich krankenversichert sind und längere Zeit im Ausland arbeiten, haben Sie dort meist ebenfalls Ansprüche. Ob im Einzelfall die deutschen Vorschriften oder die des Gastlandes gelten, ist ebenso unterschiedlich geregelt wie die Frage, ob Sie während des Arbeitsaufenthalts im Gastland versichert sein müssen. Es ist in manchen Ländern nicht ausgeschlossen, dass Sie sich sogar doppelt versichern müssen.

„Entsendung" eines Arbeitnehmers

Entscheidend dafür, ob für einen Arbeitnehmer deutsche oder ausländische Rechtsvorschriften gelten, ist weder der ständige Wohnsitz noch der Firmensitz des Arbeitgebers, sondern vielmehr der Ort, an dem die Arbeit tatsächlich ausgeübt wird. Eine besondere Regelung gilt allerdings für die „Entsendung" eines Arbeitnehmers: Wenn Sie ein Beschäftigungsverhältnis in Deutschland haben und nur vorübergehend ins Ausland geschickt werden, zum Beispiel um eine Baustelle zu überprüfen, gilt deutsches Recht.

Die DVKA hält Listen und Broschüren mit Informationen zu diesen Themen bereit. Auf welche Leistungen Sie Anspruch haben und wie Sie im Krankheitsfall vorgehen müssen, ist ähnlich geregelt wie bei Urlaubsreisen. Allerdings gilt hier logischerweise nicht die Regelung, dass nur akute Erkrankungen behandelt werden.

TIPP

Wann ist eine Auslandsreisekrankenversicherung sinnvoll?

Obwohl in manchen Ländern Kassenleistungen erbracht werden, empfehlen wir dringend den Abschluss einer Auslandsreisekrankenversicherung (siehe Seite 122). Vorteile: Je nach Vertrag deckt diese Versicherung die Differenz zwischen der GKV-Erstattung und Ihren tatsächlichen Kosten ab. Und: Wenn Sie beispielsweise in die USA reisen, besteht gar kein Versicherungsschutz, eine entsprechende Zusatzversicherung ist hier also unabdingbar. Hinzu kommt, dass die GKV nicht für einen Rücktransport (etwa im Krankenwagen) in die Heimat aufkommt. Auch dieses Risiko sollten Sie zusätzlich absichern, wenn Sie häufiger unterwegs sind.

Wohnsitz im Ausland für den Ruhestand

Für Menschen im Ruhestand mit Wohnsitz im Ausland gelten vergleichbare Regeln. In diesem Fall bleiben Sie bei Ihrer deutschen Krankenkasse der Rentner versichert, sofern im betreffenden Ausland nicht zusätzliche Leistungsansprüche an die Sozialversicherung bestehen. Das kann zum Beispiel der Fall sein, wenn Sie dort noch einem Job nachgehen. Sie erhalten alle Leistungen, die im System Ihres neuen Landes vorgesehen sind. Außerdem hat das Bundessozialgericht entschieden, dass Rentner weiterhin Anspruch auf Krankenbehandlung in der Heimat haben.

Auch hier gilt: Auf einer spanischen Insel ist die Abwicklung vergleichsweise einfach, außerhalb der EWR-Staaten kompliziert. Und: Wenn es überhaupt keine Vereinbarung mit dem Land gibt, in dem Ihr neuer Wohnsitz liegt, endet die Mitgliedschaft in der Krankenversicherung ganz.

Brillen

Die Kosten für eine Brille übernehmen die Krankenkassen nur noch bei Kindern, weil Sehfehler, die in der frühen Kindheit nicht korrigiert werden, später erhebliche gesundheitliche und finanzielle Folgen haben. Auch für Jugendliche bis zum vollendeten 18. Lebensjahr sowie für schwer sehbehinderte Menschen gilt diese Regelung. Generell wird ein Festbetrag erstattet. Die Regelungen für Kontaktlinsen sind noch strenger. Die Verschreibung einer Brille ist aber in jedem Fall eine Kassenleistung und darf vom Arzt nicht privat berechnet werden.

Festbetrag

Empfängnisverhütung

Die Kosten für Produkte, die ausschließlich zur Empfängnisverhütung bestimmt sind, zum Beispiel die „Antibabypille", übernimmt die GKV nicht. Allerdings können die Ausgaben für Präparate, die aus medizinischen Gründen notwendig sind, erstattet werden. Das gilt etwa, wenn eine Frau keine Kinder bekommen darf, weil sie Medikamente nehmen muss, die das Ungeborene schwer schädigen würden. Die ärztliche Beratung zur Familienplanung hingegen bezahlt die GKV, sie darf nicht als IGeL abgerechnet werden.

Entbindungsgeld

Aus dem Leistungskatalog der GKV gestrichen.

Fahrtkosten

Kosten für die Fahrt zum Arzt werden nur noch in Ausnahmefällen von der GKV übernommen. Viele kranke, alte oder behinderte Menschen sind jedoch nicht in der Lage, zu Fuß oder mit öffentlichen Verkehrsmitteln zum Arzt zu kommen. Oft ist auch ein Hausbesuch nicht möglich, etwa wenn der Arzt für eine Untersuchung bestimmte Geräte benötigt; ohnehin ist es heutzutage in vielen Regionen nicht mehr so leicht, einen

Arzt zu finden, der Hausbesuche macht – wie viele Patienten aus eigener Erfahrung wissen.

Förmlicher Widerspruch

Darüber, in welchen Fällen die Krankenkassen Fahrtkosten übernehmen müssen, gibt es oft Streit. Manchmal hilft Hartnäckigkeit, manchmal muss förmlich Widerspruch eingelegt werden. Letzteres sollten Sie unbedingt mit dem behandelnden Arzt absprechen. Der Widerspruch kann formlos erfolgen (siehe Kapitel 6). Sie sollten auf jeden Fall begründen, warum Ihnen keine andere Möglichkeit offensteht, als die Fahrten zu unternehmen. Weisen Sie gegebenenfalls darauf hin, dass durch die ambulante Behandlung ein Krankenhausaufenthalt vermieden wird.

Gegebenenfalls können in solchen Fällen auch Patientenbeauftragte, Patientenschutz-Vereinigungen oder Verbraucherzentralen helfen (Adressen siehe Anhang).

Einen Anspruch auf Erstattung der Fahrtkosten haben im Prinzip Schwerbehinderte (starke Gehbehinderung, Blindheit, besondere Hilfsbedürftigkeit mit entsprechenden Vermerken im Schwerbehindertenausweis), ebenso Menschen mit Pflegestufe II und III. Ferner haben diesen Anspruch Krebspatienten, die zur Chemotherapie oder Strahlenbehandlung sowie Nierenkranke, die zur Dialyse müssen. Dies gilt laut SGB V auch für weitere Patienten mit „vergleichbaren Umständen und Behandlungen“. Was das aber genauer bedeutet, kann im Einzelfall strittig sein. Ihr Anspruch lässt sich jedenfalls leichter durchsetzen, wenn Sie sehr häufig über einen längeren Zeitraum behandelt werden müssen.

Ambulante Operationen

Fahrten ins Krankenhaus und auch zu ambulanten Operationen – selbstverständlich nur dann, wenn sie ärztlich verordnet sind – muss die Krankenkasse für alle Patienten übernehmen. Es soll deswegen schon den einen oder anderen (betriebswirtschaftlich) wenig sinnvollen Fall gegeben haben: Die gehbehinderte Patientin B. fährt mit dem – teureren – Krankenwagen in das – teurere – Krankenhaus, weil sie die Erfahrung gemacht hat, dass ihre Krankenkasse das Taxi zum Hausarzt nicht erstattet. Vielleicht hat sie aber nach der ersten Auskunft nur zu schnell aufgegeben: Wenn die Krankenkasse die stationäre Behandlung statt der Fahrtkosten bezahlen muss, lässt sie oft mit sich reden.

Eigenbeteiligung

In jedem Fall muss der Patient eine Eigenbeteiligung von zehn Prozent aufbringen, mindestens aber die entstandenen Kosten bis fünf und höchstens bis zehn Euro. ALG-II-Empfänger können die Kosten (abzüglich der Zuzahlung) gegenüber dem Sozialamt geltend machen.

Eine Kostenerstattung wird grundsätzlich nur für die Fahrt zur nächstgelegenen geeigneten Behandlungsstätte sowie ausschließlich auf Antrag gewährt. Der behandelnde Arzt muss zunächst die Fahrt(en) verordnen. Hat die Krankenkasse sie genehmigt, rechnet der Patient mit der Kasse direkt ab. Sie sollten sich dazu vorsichtshalber jeden Praxisbesuch vom Arzt bestätigen lassen. In Notfällen kann die Fahrtkostenerstattung auch nachträglich genehmigt werden, etwa wenn Lebensgefahr bestand oder schwere Gesundheitsschäden zu befürchten waren.

Fitnessstudio

Sport mag nicht Mord sein, sondern – richtig betrieben – die Gesundheit fördern. Dennoch übernimmt die gesetzliche Krankenkasse normalerweise die Kosten hierfür nicht. Allerdings kann sie selbst Gesundheitsprogramme anbieten oder Sie für Ihr Gesundheitsbewusstsein im Rahmen von Bonusprogrammen belohnen (Genaueres hierzu siehe Seite 29).

Fortpflanzung

Bei „schicksalhaftem Fehlen der Zeugungs- oder Empfängnisfähigkeit“ (angeboren oder als Krankheitsfolge) ist die GKV in der Regel dazu verpflichtet, die Kosten von erfolgversprechenden Behandlungen – etwa einer Operation – zu übernehmen. (Das ist nicht zu verwechseln mit künstlicher Befruchtung, siehe Seite 54.)

Haushaltshilfe

Wenn Sie ein Kind im Alter von bis zu zwölf Jahren oder ein behindertes Kind haben, steht Ihnen eine Haushaltshilfe zu, wenn Ihnen krankheitsbedingt die Führung Ihres Haushalts nicht möglich ist. Das gilt zum Beispiel während eines Krankenhausaufenthalts, manchmal auch in anderen vergleichbaren Lebenssituationen. Zu den Tätigkeiten der Haushaltshilfe gehören nicht nur die Betreuung der Kinder, sondern zum Beispiel auch das Einkaufen und Kochen oder die Pflege von Kleidung und Wohnung. Voraussetzung ist selbstverständlich, dass keine andere im Haushalt lebende Person den Haushalt führen kann.

Antrag bei der Krankenkasse

Auch in diesem Fall müssen Sie einen Antrag bei Ihrer Krankenkasse stellen. In der Regel vermittelt sie dann eine geeignete Hilfskraft. Nur wenn die Krankenkasse hierzu nicht in der Lage ist, werden dem Versicherten die Kosten für eine selbst beschaffte Haushaltshilfe in angemessener Höhe erstattet. Dazu müssen die tatsächlichen Kosten nachgewiesen werden.

Zuzahlung: zehn Prozent der täglichen Kosten, mindestens fünf, höchstens zehn Euro.

TIPP

Hilfe für Schwangere und junge Mütter

Auch Schwangere und junge Mütter können häusliche Pflege oder eine Haushaltshilfe beanspruchen, wenn sie allein leben oder niemand im Haushalt die Versorgung übernehmen kann. Der Arzt muss die medizinischen Gründe bestätigen, eine Zuzahlung fällt in diesen Fällen nicht an.

Häusliche Krankenpflege

„Fürs Krankenhaus zu gesund, für zu Hause zu krank“, so könnte man kurz die Grundidee der kassenfinanzierten häuslichen Krankenpflege beschreiben. Sie darf nicht mit einem anderen Zweig der Sozialversicherung verwechselt werden, nämlich der gesondert organisierten und finanzierten Pflegeversicherung für dauerhaft pflegebedürftige Menschen. Bei der GKV haben Sie nur dann Anspruch auf medizinische Pflege, wenn diese zur Genesung beiträgt und dadurch ein Krankenhausaufenthalt vermieden oder verkürzt werden kann. Sie ist – außer in begründeten Ausnahmefällen – auf vier Wochen begrenzt.

Ihr Arzt muss Ihnen die häusliche Krankenpflege verordnen. Dazu füllt er ein Formular aus, in dem er den Grund, die Art und Intensität sowie die voraussichtliche Dauer dieser Maßnahme angeben muss. Es ist aber Ihre Pflicht, den Antrag bei der Krankenkasse einzureichen. Und das sollten Sie rechtzeitig vor Beginn der betreffenden Situation tun. Nur wenn akut Hilfe erforderlich ist, genügt es, den Antrag mit Pflegebeginn zu stellen. Sollten allerdings in der ärztlichen Verordnung Angaben fehlen, liegt das nicht im Verschulden des Versicherten.

Rechtzeitig den Antrag stellen

Normalerweise nennt Ihnen die Krankenkasse Adressen von Pflegediensten in Ihrer Umgebung, die Sie selbst beauftragen, die aber direkt mit der Krankenkasse abrechnen.

Häusliche Krankenpflege umfasst die Grundpflege (wie Waschen) und die Behandlungspflege (zum Beispiel Verbandswechsel), insofern dies zur Sicherung der ärztlichen Behandlung erforderlich ist. Hinzu kommt die hauswirtschaftliche Versorgung. „Häuslich" heißt dabei nicht unbedingt, dass die Pflege in Ihrer Wohnung passieren muss: Sie kann auch, wenn die Umstände das rechtfertigen, zum Beispiel in Schulen, betreuten Wohnformen oder sogar am Arbeitsplatz erfolgen.

Wichtige Regelung

Besonders wichtig in diesem Zusammenhang ist folgende Regelung im SGB V: „Der Anspruch auf häusliche Krankenpflege besteht nur, soweit eine im Haushalt lebende Person den Kranken in dem erforderlichen Umfang nicht pflegen und versorgen kann." Was „kann" bedeutet, darüber wird sehr oft gestritten. Geht es darum, für den Kranken putzen und einkaufen zu gehen? Müssen der Ehemann oder die Tochter für dessen Körperhygiene sorgen? Wären sie sogar verpflichtet, einen Blasenkatheter zu wechseln? Oft neigen die Krankenkassen dazu, bei diesen Fragen zu ihren Gunsten zu entscheiden. Das Bundessozialgericht hat aber festgestellt, dass solche Behandlungspflege zumutbar sein muss. Dabei spielen nicht nur die verfügbare Zeit und die Fähigkeiten der Angehörigen eine Rolle, sondern beispielsweise auch, ob sie, ebenso wie die Pflegebedürftigen selbst, wegen der damit verbundenen intimen Handlungen dazu bereit sind.

Zuzahlung: Patienten ab 18 Jahren müssen für die ersten 28 Tage im Jahr zehn Prozent der Kosten plus zehn Euro für jede ärztliche Verordnung einer häuslichen Krankenpflege zahlen. Die Summe wird von der Krankenkasse berechnet und direkt eingezogen.

Heilmittel

Dienstleistungen

Der Wortbestandteil „...mittel" ist ein wenig irreführend: Denn bei Heilmitteln handelt es sich um Dienstleistungen, und zwar zum Beispiel von Krankengymnasten, Masseuren oder Sprachtherapeuten. Heilmittel müssen von einem Vertragsarzt verordnet werden. Dabei genügt es nicht, dass eine Dienstleistung einen allgemein positiven Einfluss auf die Gesundheit haben kann, sondern es muss konkret um eine vorhandene Krankheit gehen. Heilungsprozesse sollen unterstützt, Beschwerden gelindert oder eine Verschlimmerung verhindert werden.

Welche Heilmittel der Arzt verordnen darf, gestaltet sich im Detail kompliziert. Dafür hat der Gemeinsame Bundesausschuss einen umfangreichen Heilmittelkatalog aufgestellt. Erkundigen Sie sich am besten immer für den Einzelfall, was Ihre Kasse bezahlen darf und was nicht. Im Internet finden Sie die Zusammenstellung unter www.heilmittelkatalog.de. An dieser Stelle können wir nur ein paar Prinzipien beschreiben:

Bei gleichartigen Erkrankungen sind unterschiedliche therapeutische Maßnahmen möglich; der Heilmittelkatalog legt aber immer ein „vorrangiges Heilmittel" fest. Auch daran muss sich der Arzt halten, und so kann es zum Beispiel passieren, dass Sie bei einem bestimmten Rückenleiden mit einer Verordnung für Krankengymnastik nach Hause gehen, obwohl Sie gerne Rückenmassagen gehabt hätten.

Höchstmengen

Ferner ist im Katalog für jede Maßnahme eine Höchstmenge festgelegt. In der Regel bekommen Sie mit der Erstverordnung zunächst zum Beispiel nur sechs oder zehn Einheiten, dann müssen Sie sich erneut vom Arzt untersuchen lassen, damit er gegebenenfalls eine oder zwei Folgeverordnungen ausstellen kann – bis die Höchstmenge erreicht ist. Selbst wenn die Beschwerden wiederkommen, müssen Sie in jedem Fall eine Pause von zwölf Wochen machen. Alles, was von den Regelfall-Verordnungen abweicht, muss von der Kasse extra genehmigt werden.

Alle Heilmittelverordnungsregeln gelten übrigens immer für eine Erkrankung. Wenn Sie also zum Beispiel Beschwerden in der Lendenwirbelsäule und in der Schulter haben, können dafür unabhängig voneinander Massagen oder Krankengymnastik verordnet werden.

Zuzahlung: Bei Versicherten über 18 Jahren zehn Prozent der Kosten und zusätzlich zehn Euro je Verordnung.

Hilfsmittel

Sie haben Anspruch darauf, dass Ihre GKV Hörhilfen, Prothesen, orthopädische und andere Hilfsmittel bezahlt. Dabei geht es darum, den Behandlungserfolg zu sichern oder eine Behinderung auszugleichen. Die Grenze liegt da, wo Hilfsmittel „als allgemeine Gebrauchsgegenstände des täglichen Lebens" zu betrachten sind. In den meisten Fällen gelten Höchstgrenzen für die Erstattungen.

Mehrkosten

Die Mehrkosten für aufwändigere oder gar luxuriöse Ausführungen müssen Sie selbst tragen. Zu den Kosten, die übernommen werden, gehören auch die Wartung sowie die Schulung für den Gebrauch von Hilfsmitteln. Unter Umständen können die Krankenkassen Hilfsmittel nur leihweise überlassen.

Immer häufiger schließen gesetzliche Krankenkassen zentrale Verträge mit Hilfsmittelherstellern oder -lieferanten ab. Das bedeutet für Sie, dass Sie nicht mehr in Ihr vertrautes Sanitätshaus gehen können. Stattdessen kann es zu Verzögerungen bei der Hilfsmittelversorgung oder zur Lieferung von weniger guten Produkten – etwa Einlagen, die anatomisch ungünstiger geformt sind als andere – kommen. Die „Unabhängige Patientenberatung Deutschland" erklärte dazu im Herbst 2009, es lohne sich, gegen so etwas vorzugehen. Dazu können Sie der Kasse in einem formlosen Widerspruch erläutern, warum die gewohnte Art der Versorgung notwendig ist (Näheres hierzu finden Sie in Kapitel 6).

Formloser Widerspruch

Was generell für Brillen gilt, lesen Sie bitte auf Seite 42 nach. Erwachsene haben jedoch dann Anspruch auf eine spezielle Sehhilfe, zum Beispiel auf Leselupen oder Bildschirmlesegeräte, wenn sie sehr schwer sehbehindert oder blind sind. Für die Behandlung von Augenverletzungen oder Augenerkrankungen werden beispielsweise Speziallinsen von den Kassen bezahlt.

Zuzahlung: Bei Hilfsmitteln, die nicht zum Verbrauch bestimmt sind (etwa Rollstühle), müssen Sie eine Zuzahlung von zehn Prozent, mindestens aber fünf, höchstens zehn Euro entrichten. Für Hilfsmittel, die zum Verbrauch bestimmt sind (etwa Inkontinenzartikel), beträgt die Zuzahlung zehn Prozent je Packung, höchstens aber zehn Euro pro Monat. Für Bandagen, Einlagen und Kompressionsstrümpfe müssen 20 Prozent selbst übernommen werden.

Impfungen

Viele Schutzimpfungen werden von der gesetzlichen Krankenversicherung bezahlt. Dazu gehören Impfungen für Säuglinge, Kinder und Jugendliche, vor allem gegen Diphtherie, Masern, Mumps, Röteln, Keuchhusten, Kinderlähmung, Tetanus und einige mehr. Seit ihrer Einführung wird auch die Impfung gegen Gebärmutterhalskrebs (genauer: gegen wichtige

Varianten der humanen Papillomaviren [HPV], den häufigen Erreger dieser Krankheit) für Mädchen zwischen zwölf und 17 Jahren von der GKV bezahlt. Die Kassen übernehmen meist auch Auffrischimpfungen im Erwachsenenalter. Da es sich um eine Vorsorgeleistung handelt, darf der Arzt keine Praxisgebühr nehmen, wenn Sie nur zum Impfen zu ihm gehen.

Arbeitgeber

Schutzimpfungen gehören allerdings nicht in jedem Fall zu den Leistungen der gesetzlichen Krankenkasse, in manchen Fällen müssen auch Arbeitgeber dafür aufkommen. Das gilt zum Beispiel für Forstarbeiter, die auf Kosten des Unternehmens eine Zecken-Schutzimpfung erhalten. Welche Schutzimpfungen die GKV bezahlen muss, legt der Gemeinsame Bundesausschuss fest. Grundlage dafür sind die Empfehlungen der Ständigen Impfkommission (STIKO) beim Robert Koch-Institut.

TIPP

Informieren Sie sich im Internet

Unter „Impfschutz", „Impfen" auf der Homepage des Robert Koch-Instituts (www.rki.de) finden Sie weitere Informationen, auch über die Empfehlungen der STIKO. Die „Impfliste" des G-BA finden Sie im Internet unter www.g-ba.de/institution/themenschwerpunkte/schutzimpfungen/uebersicht/.

Personen, die erhöhten Risiken ausgesetzt sind, bekommen weitere Impfungen auf Kassenkosten. Dazu zählen beispielsweise Angehörige der Gesundheitsberufe, um sie und die Patienten vor Ansteckungen zu schützen. Andere Schutzimpfungen sind erst ab einem bestimmten Alter für GKV-Versicherte kostenfrei, zum Beispiel die Impfung gegen die „echte Grippe" (Influenza) für Personen ab 60 Jahren. Es gibt aber auch Kassen, die dies freiwillig ebenfalls bei jüngeren Menschen übernehmen.

Impfungen für Reisen, die ein Versicherter aus beruflichen Gründen machen muss, werden von der GKV bezahlt, sofern ein erhöhtes Infektionsrisiko im Zielland anerkannt ist. Wer aber für den Urlaub eine besondere Impfung braucht, hat bei manchen Krankenkassen Pech. Reiseschutz-Impfungen sind keine Pflichtleistung, die Kosten können jedoch freiwillig übernommen werden. Ähnlich verhält es sich bei anderen Maßnahmen, beispielsweise bei der Malaria-Prophylaxe mit Medikamenten.

Kinderuntersuchungen

Siehe „Vorsorge“ (ab Seite 64).

Körperpflege

Kosmetika und Körperpflegeprodukte sind auch für Kranke nicht erstattungsfähig. Nur in sehr seltenen Fällen kann es Ausnahmen geben, wenn diese Mittel hauptsächlich zur Heilung eingesetzt werden.

Krankengeld

Ersatz für fehlende Einkünfte

Einer der ältesten Grundsätze der gesetzlichen Krankenversicherung lautet, dass jedes Mitglied im Krankheitsfall nicht nur medizinisch versorgt wird, sondern wenigstens teilweise auch Ersatz für fehlende Einkünfte erhält. In der Regel muss der Arbeitgeber in den ersten sechs Krankheitswochen dem Arbeitnehmer weiter Lohn beziehungsweise Gehalt zahlen (kleine Betriebe bekommen Zuschüsse von der GKV). Anschließend zahlt die Krankenkasse das Krankengeld: 70 Prozent des Bruttoarbeitsentgelts, maximal aber 90 Prozent des Nettolohns. Wenn Sie befürchten, dass dies für Ihr Haushaltsbudget nicht reicht, sollten Sie eine Zusatzversicherung abschließen (siehe Seite 123).

Das Krankengeld wird über einen langen Zeitraum bezahlt, und zwar über 78 Wochen in einem Zeitraum von drei Jahren. Dabei werden die sechs Wochen Lohnfortzahlung angerechnet. Danach müssen unter Umständen andere Zweige der

Sozialversicherung eintreten. Der Gesetzgeber will auf diese Weise verhindern, dass aus dem Krankengeld eine Art Rente wird: Wenn Sie wieder gesund sind und danach innerhalb von drei Jahren noch einmal wegen derselben Krankheit arbeitsunfähig werden, wird die Zeit angerechnet, in der Sie bereits Krankengeld bekommen haben. Und auch nach diesen drei Jahren können Sie Krankengeld wegen derselben Krankheit nur noch unter bestimmten Bedingungen bekommen (Näheres zu diesem Thema erfahren Sie zum Beispiel bei Ihrer Krankenkasse).

Lohnfortzahlung und Krankengeld gibt es während einer vorübergehenden Arbeitsunfähigkeit oder während eines Krankenhausaufenthalts. Sie müssen dafür eine entsprechende Bescheinigung vorlegen. Die GKV zahlt Krankengeld nur an erwerbstätige, zahlende Mitglieder. Mitversicherte Familienangehörige, Studenten sowie Rentner haben keinen Anspruch darauf.

GUT ZU WISSEN

Das gilt für Selbständige

Hauptberuflich Selbständige haben keinen Arbeitgeber, der den Einnahmeausfall in den ersten sechs Wochen ausgleicht. Wenn Sie selbständig sowie in der GKV freiwillig versichert sind, sollten Sie zunächst bei Ihrer Kasse klären, ob ein Krankengeld ab der siebten Woche abgedeckt ist. Ferner sollten Sie prüfen, ob Sie Ihren Verdienstausfall für die ersten sechs Wochen verkraften können, falls Sie krank werden. Wenn das nicht der Fall ist, können Sie einen zusätzlichen Wahltarif abschließen. Diese Überlegungen gelten auch für Künstler und Publizisten, die Mitglieder der KSK sind.

Ein Sonderfall ist das Kinderkrankengeld, das Sie bekommen können, wenn Sie sich um ein krankes Kind kümmern müssen. Dies gilt für in der GKV mitversicherte Kinder unter zwölf Jahren und behinderte Kinder. Der Anspruch besteht allerdings nur dann, wenn niemand sonst, der mit in Ihrem

Haushalt lebt, die Betreuung übernehmen kann. Sie erhalten das Kinderkrankengeld für zehn Arbeitstage im Jahr pro Kind (bei Alleinerziehenden 20). Bei drei und mehr Kindern ist die Zeit auf 25 Arbeitstage pro Jahr (für Alleinerziehende auf 50) begrenzt.

Krankenhauseinweisung

Außer in einem Notfall kann eine Krankenhausbehandlung nur erfolgen, wenn ein niedergelassener Arzt den Patienten eingewiesen hat. Auch dann haben die Krankenhausärzte zu überprüfen, ob eine stationäre Behandlung notwendig ist. Normalerweise müssen Ärzte darauf achten, dass der Patient in ein Vertragskrankenhaus in der Nähe eingewiesen wird. Sonst kann die Krankenkasse dem Versicherten die Mehrkosten, zum Beispiel einen höheren Pflegesatz oder höhere Transportkosten, in Rechnung stellen. Es ist nützlich, wenn Sie selbst bei der zuständigen Kasse nachfragen, ob alle Voraussetzungen für eine Erstattung der Kosten erfüllt sind.

Stationäre Behandlung

Sie müssen die ärztliche Einweisung bei Ihrer Krankenkasse einreichen und eine Kostenübernahmeerklärung besorgen, und zwar – außer in Notfällen – vor dem Krankenhausaufenthalt. Die GKV verpflichtet sich darin gegenüber der Klinik, die stationäre Behandlung zu bezahlen. Damit alles reibungslos funktioniert, sollten Sie Ihre Versichertenkarte zur Aufnahme mitbringen.

Bei einem Krankenhausaufenthalt wird kein Vertrag zwischen dem GKV-Patienten und einem bestimmten Klinikarzt geschlossen, sondern mit dem Krankenhausträger als „juristischer Person“. Doch kein Normalbürger wird bei der Aufnahme in die Klinik in der Lage sein, diesen Vertrag zu prüfen. Im Konfliktfall dürfte es wohl kaum ohne Rechtsbeistand abgehen.

Prüfung des Vertrags

Zudem enthalten Krankenhausverträge meistens eine Klausel, wonach der Patient die Kosten selbst tragen muss, wenn die Krankenkasse sie nicht übernimmt. Das kann zum Beispiel passieren, wenn der stationäre Aufenthalt nicht der Behandlung eines „regelwidrigen gesundheitlichen Zustandes" dient, also etwa bei Schönheitsoperationen. Allerdings ist der Krankenhausträger verpflichtet, den Patienten darauf aufmerksam zu machen, wenn das Risiko besteht, auf den Kosten sitzen zu bleiben.

Zuzahlung: Patienten ab 18 Jahren müssen eine Eigenbeteiligung von zehn Euro pro Tag bis höchstens 280 Euro im Jahr bezahlen. Wenn durch andere Zuzahlungen die Eigenbeteiligungsgrenze bereits überschritten ist, entfällt die Zuzahlung für das Krankenhaus.

Klinik-geburten

Bei Klinikgeburten ist die Schwangere beziehungsweise Mutter ab dem Tag der Aufnahme bis sechs Tage nach der Niederkunft vom Selbstkostenanteil befreit. Gewünschte Zusatzleistungen müssen Patienten grundsätzlich aus eigener Tasche begleichen.

Künstliche Befruchtung

Die Kasse übernimmt die Kosten für drei Versuche zu jeweils 50 Prozent bei Frauen im Alter von 25 bis 40 Jahren, bei Männern bis 50 Jahre. Als bisher einziges Bundesland zahlt Sachsen unter gewissen Rahmenbedingungen weitere staatliche Zuschüsse.

Kuren

„... gibt's nicht mehr", hört man oft – aber so stimmt das nicht. Heute heißt das, was Sie in Anspruch nehmen können, „ambulante und stationäre Vorsorgeleistungen", und es ist schwieriger, sie bewilligt zu bekommen. Zudem bleiben einige der Kosten an Ihnen hängen.

Ausreichende Gründe

Die GKV achtet sehr darauf, ob ausreichende medizinische Gründe für eine „Kur" vorliegen, ob sie also helfen kann, einer drohenden Erkrankung oder Chronifizierung vorzubeugen, eine Behinderung zu beseitigen, zu bessern oder wenigstens eine Verschlimmerung zu verhüten.

BEISPIEL

Vorsorge bei Stress

Sie haben einen stressigen Beruf mit ständigem Termindruck und viel Verantwortung. In letzter Zeit wird Ihnen manchmal schwindelig, bei körperlichen Anstrengungen geht Ihnen schnell die Puste aus, und Ihr Blutdruck ist ohnehin schon länger erhöht. Ihr Arzt rät dringend zu einer „Kur", um dem drohenden Herzinfarkt vorzubeugen. „Sie müssen", mahnt er, „endlich lernen, was Sie regelmäßiger für Ihre Gesundheit tun und wie Sie besser mit dem Stress im Beruf fertig werden können."

Zu den gängigen „Kurmaßnahmen" zählen physikalische Therapien (zum Beispiel Krankengymnastik), Bäder und Massagen, Funktions- und Verhaltenstraining, Entspannungs- und Sporttherapie sowie spezielle Ernährungsprogramme und Ernährungsberatung, ähnlich wie bei der Reha. Eine „Kur" müssen Sie selbst beantragen, dazu benötigen Sie eine ausführliche Begründung durch den behandelnden Vertragsarzt. In der Regel können Sie höchstens alle vier Jahre für drei Wochen eine solche Maßnahme in Anspruch nehmen. Bevor die Krankenkasse die Kostenübernahme bescheinigt, darf sie Ihre Krankenakten einsehen oder eigene Untersuchungen durch den Medizinischen Dienst veranlassen. Gerade bei diesem Thema gibt es oft Streit mit den Krankenkassen. Lesen Sie in Kapitel 6 nach, wie Sie gegen eine Entscheidung, die nicht in Ihrem Sinn ist, vorgehen können.

Ambulante Kur

Bei „Kuren" gilt der Grundsatz „ambulant vor stationär" ganz besonders. Bei einer ambulanten „Kur" gehen Sie nur tagsüber, aber regelmäßig in eine Vertragseinrichtung und erhalten dort nach einem vorher festgelegten Behandlungsplan Ihre speziellen Anwendungen, Beratungen und Therapien. Für die Heilmittel werden Zuzahlungen fällig, und für Unterbringung, Verpflegung und Fahrtkosten müssen Sie selbst aufkommen; es werden aber Zuschüsse gewährt (von Kasse zu Kasse unterschiedlich, aber nicht mehr als 13 Euro täglich).

Eine stationäre Vorsorgemaßnahme bewilligen die gesetzlichen Krankenkassen nur noch, wenn es besondere medizinische Gründe dafür gibt, dass Sie während dieser Zeit nicht privat oder in einem Hotel auf eigene Kosten wohnen können. Das kommt zum Beispiel bei starken Herzproblemen infrage, bei denen es passieren kann, dass Sie auch nachts schnelle medizinische Hilfe brauchen. Bei stationären Kuren übernimmt die Kasse sämtliche Behandlungs- sowie Unterbringungs- und Verpflegungskosten. Pro Tag müssen Sie aber zehn Euro zuzahlen. Außerdem übernimmt die Kasse gegebenenfalls die Kosten für die Anreise mit der Bahn (zweite Klasse).

Stationäre Kuren

In Bezug auf den Kurort dürfen Sie Wünsche äußern, aber grundsätzlich wird er von der Krankenkasse bestimmt. Die Einrichtung muss selbstverständlich die speziell für Sie geeigneten Maßnahmen anbieten. Wenn Sie beispielsweise an Neurodermitis oder Asthma leiden, werden Sie womöglich in einen Kurort am Meer oder in den Bergen geschickt.

Für mitversicherte Kinder unter 14 Jahren zahlt die Kasse notwendige stationäre Vorsorgemaßnahmen voll, meist für vier bis sechs Wochen und gegebenenfalls in kürzeren Abständen. Einen speziellen gesetzlichen Anspruch gibt es seit Mitte 2007 auf die „Mutter-/Vater-Kind-Kur". Sie umfasst eine stationäre Betreuung von normalerweise 21 Tagen und kann auf Antrag um eine Woche verlängert werden. Die Kinder werden mitgenommen, weil sie zu Hause nicht betreut werden können oder eine Trennung vom betreffenden Elternteil nicht verkraften. In anderen Fällen ist das Kind selbst behandlungsbedürftig. Eine Maßnahme mit Elternbegleitung wird besonders bei Erkrankungen des Bewegungsapparats, Depressionen, Atemwegserkrankungen sowie bei krankhaftem Übergewicht bewilligt.

Eltern-Kind-Kur

Übrigens: Anders als gelegentlich behauptet, sind Fehltage wegen Krankheit oder medizinischer Vorsorgemaßnahmen nicht auf den Urlaub anzurechnen. Die normalen Regeln der Lohnfortzahlung bei Krankheit gelten auch hier.

Lebensmittel

Auch wenn Sie gesundheitliche oder sogar spezielle therapeutische Effekte einer bestimmten Ernährung geltend machen – ob zu Recht oder Unrecht –, die Versorgung mit Lebensmitteln ist keine Aufgabe der GKV. Ausnahmen haben Sozialgerichte für sehr wenige Einzelfälle bejaht, beispielsweise bei der Behandlung bestimmter, angeborener Enzymmangel-Krankheiten.

Lifestyle-Präparate

Dazu zählen beispielsweise Arzneimittel gegen Erektionsstörungen („Potenzmittel" wie Viagra) oder Haarwuchsmittel. Sie gelten als Produkte, die überwiegend der Verbesserung des privaten Lebens dienen. Die Kosten hierfür werden nicht von der GKV erstattet.

Verbesserung des privaten Lebens

Mutterschaftsgeld

Frauen, die Mitglied einer gesetzlichen Krankenkasse sind, erhalten während der Mutterschutzfrist von ihrer Krankenkasse Mutterschaftsgeld. Voraussetzung ist, dass die Frau bei Beginn der Schutzfrist in einem Arbeitsverhältnis steht. Anspruch auf Mutterschaftsgeld besteht für die letzten sechs Wochen vor der Entbindung und für die ersten acht Wochen danach (bei Mehrlings- und Frühgeburten für die ersten zwölf Wochen nach der Entbindung).

Gezahlt wird das auf den Tag berechnete Nettoarbeitsentgelt (Durchschnitt der letzten drei Monate), der maximale Tagessatz beträgt 13 Euro. Übersteigt das durchschnittliche Nettoarbeitsentgelt 13 Euro pro Tag, muss der Arbeitgeber die Differenz ausgleichen.

Palliativversorgung

Während der Begriff „kurative Medizin" Maßnahmen bezeichnet, die Heilung oder Besserung zum Ziel haben, wird die Linderung der Symptome sowie die Betreuung und Begleitung von Menschen mit unheilbaren Krankheiten „Palliativmedizin" genannt. Gerade diese Menschen brauchen oft eine besonders aufwändige Versorgung – und sie haben Anspruch darauf. Der Arzt muss eine Palliativversorgung verordnen, dabei muss es sich aber keineswegs nur um rein medizinische Maßnahmen handeln. Schmerztherapie und auch Sterbebegleitung gehören ebenfalls dazu.

Aufwändige Versorgung

Es geht vor allem darum, dass Menschen mit fortgeschrittenen Krankheiten und begrenzter Lebenserwartung in ihrer familiären oder in vertrauter Umgebung wie in Pflegeheimen, aber auch in spezialisierten Einrichtungen wie einem Hospiz, gepflegt und betreut werden können. Ambulante, fachlich qualifizierte Hilfsdienste werden hier durch Zuschüsse zu den Personalkosten besonders gefördert, und auch ehrenamtliche Helfer sollen unterstützt werden. In stationären Einrichtungen trägt die Gesetzliche Krankenversicherung 90 Prozent der Kosten für die Palliativversorgung.

Plastische Chirurgie

„Regelwidrigkeit körperlicher oder seelischer Art", so nennen Juristen bestimmte Abweichungen von einem „normalen" Körperzustand" (übrigens auch: „Geisteszustand"). Bei der Frage, ob korrigierende Operationen von der GKV bezahlt werden, ist zunächst zu beachten, dass Menschen ohnehin sehr verschieden sind. Also muss erst festgestellt werden, ob die Körperfunktion deutlich beeinträchtigt oder eine Abweichung erheblich entstellend ist. Wo aber verläuft die Grenze? Auch hier müssen viele Einzelfälle von Sozialgerichten entschieden werden. Eine „Hasenscharte" gehört zum Beispiel dazu, die Operationen werden bezahlt, die Korrektur einer „zu" großen oder „zu" kleinen weiblichen Brust nicht.

Prävention

Siehe „Vorsorge" (ab Seite 64).

Psychotherapie

Seit 1999 erstatten die gesetzlichen Krankenkassen Kosten für bestimmte Formen der Psychotherapie. Sie können eine psychotherapeutische Praxis direkt mit Ihrer Versicherungskarte aufsuchen. Das ist erstens bei Vertragsärzten möglich, die zusätzlich eine psychotherapeutische Ausbildung haben (auch Psychiater benötigen diese, wenn sie Psychotherapie ausüben wollen). Zweitens können Sie inzwischen auch direkt einen „psychologischen Psychotherapeuten" mit anerkannter psychotherapeutischer Ausbildung wählen.

Verwirrende Vielfalt

Aber: Es gibt eine verwirrende Vielfalt von allen möglichen, zum Teil auch unseriösen Therapieangeboten. Auf Kosten der GKV können Sie nur anerkannte Behandlungsmethoden in Anspruch nehmen, das sind derzeit drei: analytische Psychotherapie, tiefenpsychologisch fundierte Psychotherapie und Verhaltenstherapie. Dies ist in Einzel- oder Gruppentherapie möglich. Verfahren, die durchaus sinnvoll sein können, wie Paar- oder Familientherapie, gehören jedoch nicht dazu, weil nach Auffassung des Gesetzgebers dabei soziale und nicht gesundheitliche Probleme im Vordergrund stehen.

„Krankheitswert"

Grundsätzlich muss eine Therapie vor Beginn bei der Kasse beantragt werden. Ein Gutachter prüft, ob die Behandlung erforderlich ist und genehmigt sie dann oder nicht. In der Regel erledigt der Psychotherapeut diese Formalitäten für Sie. In dem Antrag muss die Notwendigkeit einer Psychotherapie begründet werden: Das seelische Problem muss einen „Krankheitswert" haben, wie es zum Beispiel bei Angsterkrankungen, schweren Depressionen, Essstörungen, Sucht- sowie Zwangsverhalten anerkanntermaßen der Fall ist. Bei nichtärztlichen Psychotherapeuten müssen Sie zudem vor Beginn der Behandlung eine Bescheinigung Ihres Hausarztes vorlegen, dass keine vorhandene körperliche Krankheit gegen eine Psychotherapie spricht. Medikamente dürfen Psychologen übrigens nicht verschreiben.

Die sicherlich schwierigste Frage lautet: „Wie finde ich einen guten Psychotherapeuten?" Auf der Internetseite der Psychotherapeutenkammer oder der Kassenärztlichen Vereinigung Ihres Bundeslandes (Adressen siehe Anhang) stehen Listen zur Verfügung. Sie können auch Ihre zuständige Krankenkasse oder Krankenversicherung telefonisch um Auskunft bitten.

Aber: Neben der Qualifikation des Therapeuten kommt es vor allem darauf an, dass Sie zusammenpassen. Um das auszuprobieren, müssen Sie das geschilderte Antragsverfahren zunächst nicht durchlaufen. Sie haben Anspruch auf mehrere „probatorische Sitzungen" – Sie gehen also einfach mit Ihrer Versichertenkarte zu einem Therapeuten, der Ihnen geeignet erscheint. Unter anderem klärt sich im „Erstgespräch", ob die ins Auge gefasste Behandlungsart Erfolg verspricht.

TIPP

Achten Sie auf eine vertrauensvolle Beziehung

Nehmen Sie die Frage, ob die Chemie zwischen Ihnen und dem Therapeuten, bei dem Sie die Probesitzungen machen, stimmt, sehr ernst. Sie dürfen während dieser Phase wechseln, erst danach müssen Sie den Antrag bei der GKV stellen. Auch wenn Ihr Leidensdruck im Moment groß ist: Eine gute und vertrauensvolle Beziehung zwischen Patient und Therapeut ist für den Erfolg entscheidend.

Und: Es kann durchaus hilfreich sein, einen erfahrenen Hausarzt zu fragen, wen er empfehlen kann. Erkundigen Sie sich auch bei Bekannten, die eine Psychotherapie gemacht haben, wie ihre Erfahrung mit ihrem Therapeuten war.

Eine Sitzung beim Psychotherapeuten dauert in der Regel 50 Minuten. Welche Gesamttherapiedauer von der Kasse bewilligt wird, hängt jeweils vom Verfahren ab. Meistens werden für eine „Kurzzeittherapie" erst einmal 25, für eine „Langzeittherapie" 50 Sitzungen genehmigt. Eine Therapie kann auf Antrag verlängert werden. Umgekehrt gehen Sie keine Verpflichtung ein, die bewilligten Stunden auch alle in Anspruch zu nehmen.

Verlängerung auf Antrag

Zuzahlung: lediglich die in jedem Quartal fällige Praxisgebühr von zehn Euro. Sie entfällt, wenn Sie eine Überweisung vom Vertragsarzt haben. Der Psychotherapeut darf Ihnen auch nicht einen zusätzlichen Betrag zum Kassenhonorar privat berechnen.

Kinder und Jugendliche

Für Kinder- und Jugendlichentherapien sind neben Psychologen diplomierte Pädagogen und Sozialarbeiter zugelassen, die eine anerkannte psychotherapeutische Ausbildung absolviert haben. Die Krankenkasse zahlt in der Regel für Kinder 150, für Jugendliche (14 bis 21 Jahre) bis zu 180 Stunden.

Rehabilitationsmaßnahmen

Die Kosten für Maßnahmen zur Wiedereingliederung (Rehabilitation) sind auf verschiedene Sozialversicherungsträger verteilt, und zwar auf die Krankenkassen sowie die Renten- und Unfallversicherung. Neben der medizinischen Rehabilitation existieren noch die berufliche zur Wiedereingliederung in das Arbeitsleben sowie die soziale, die vor allem behinderten Menschen eine „Teilhabe an der Gemeinschaft" ermöglichen soll.

In Bezug auf die Ansprüche der Versicherten an die GKV geht es hier ausschließlich um medizinische Reha-Maßnahmen, seit Mitte des Jahres 2007 sind sie eine Pflichtleistung der gesetzlichen Krankenkassen. Sie gehören fest zur Behandlungskette, weil es bei vielen Erkrankungen mit der akuten Therapie nicht getan ist, selbst wenn sie erfolgreich war. Wenn Sie beispielsweise eine Hüftoperation hinter sich, einen Herzinfarkt oder einen Schlaganfall erlitten haben, ist es wünschenswert, dass Sie möglichst schnell eine Nachsorge erhalten. Auf diese Weise sollen Sie wieder richtig zu Kräften kommen sowie Ihre beruflichen und sozialen Fähigkeiten erhalten oder wiedererlangen. Infrage kommen hier Maßnahmen der physikalischen Therapie, ebenso Psychotherapien und Entspannungsverfahren, Ernährungsberatung, Sprechtherapie (beispielsweise nach einem Schlaganfall) oder auch Prothesenversorgung und -beratung.

Nachsorge

Erwerbstätige Versicherte müssen die Reha selbst bei der GKV beantragen, zuvor muss sie von einem Vertragsarzt verordnet und durch den Medizinischen Dienst der Krankenkasse genehmigt werden. Vorgabe für die Reha-Kliniken oder -Abteilungen: Sie müssen einen entsprechenden Vertrag mit Ihrer Krankenkasse haben und sich möglichst nah bei Ihrem Wohnort befinden. Ausnahmen gelten, wenn spezielle Behandlungsarten nur in einer weiter entfernten Einrichtung angeboten werden. Sie können im Prinzip auch andere Einrichtungen, die zugelassen sind, eigenständig auswählen. Dann kann Ihnen die Kasse aber etwaige Mehrkosten aufbürden.

Gemäß dem Wirtschaftlichkeitsgebot sollen Reha-Maßnahmen ebenfalls eher ambulant als stationär durchgeführt werden. Bei der ambulanten Reha wohnen Sie in der Regel zu Hause und müssen sich dann jeden Tag in die entsprechende Einrichtung begeben. Dort werden nach einem festen Behandlungsplan die unterschiedlichen Maßnahmen durchgeführt. Das kann manchmal auch in dem Krankenhaus stattfinden, in dem Sie zuvor operiert oder behandelt worden sind.

Fester Behandlungsplan

Um eine stationäre Nachsorge zu erwirken, muss der behandelnde Arzt die Gründe dafür genau darlegen. Oft ist das zum Beispiel bei Suchterkrankungen oder psychischen Krankheiten notwendig.

Besonders häufig kommt die „medizinische Anschlussrehabilitation“ vor: Dabei werden die Patienten nach schweren Erkrankungen oder Eingriffen, zum Beispiel nach Herzinfarkt, Schlaganfall oder Krebsoperation, nahtlos aus dem Krankenhaus in eine Reha-Einrichtung überwiesen. In der Regel werden hierfür drei Wochen bewilligt, mit entsprechender medizinischer Begründung lässt sich auch eine Verlängerung beantragen.

Übrigens zahlt die GKV nicht nur für Arbeitnehmer, sondern auch für mitversicherte Kinder und Jugendliche, Hausfrauen und Rentner, so auch die „Mutter-/Vater-Kind-Kur“.

Einen großen Stellenwert nimmt zudem die geriatrische Rehabilitation ein, die spezielle wiederherstellende Maßnahmen für ältere Versicherte umfasst. Insgesamt soll damit verhindert werden, dass ältere Menschen zu früh in der Pflege landen. Auch Menschen, die bereits pflegebedürftig sind, können diese Leistungen in Anspruch nehmen, wenn dadurch die Pflegebedürftigkeit aufgehalten oder gemindert werden kann. Allerdings beklagen Altenverbände immer wieder, dass medizinisch notwendige neurologische und geriatrische Rehabilitationsleistungen für ältere Menschen häufig abgelehnt werden. Oft dauert auch die Prüfung der Anträge so lange, dass die Versicherten entnervt aufgeben. Bleiben Sie hartnäckig, und schalten Sie nötigenfalls einen Rechtsanwalt ein, um der Bürokratie auf die Sprünge zu helfen.

Ablehnung von Leistungen

Zuzahlung: Erwachsene Versicherte müssen für jeden Tag der stationären Rehabilitation zehn Euro selbst zahlen. Bei der medizinischen Anschlussrehabilitation ist dies auf 28 Tage beschränkt, und in diesem Fall wird die Zuzahlung, die Sie im Krankenhaus geleistet haben, angerechnet.

Auch die medizinische Rehabilitation darf nicht auf den Urlaub angerechnet werden, auch wenn dies manche Arbeitgeber gerne anders sehen würden. Sie müssen Lohnfortzahlung wie im Krankheitsfall leisten.

Reiseprophylaxe

Siehe „Auslandsaufenthalte“ (ab Seite 38) und „Impfungen“ (ab Seite 49).

Schönheitsoperationen

Vergessen Sie’s! Das gilt jedenfalls, wenn Sie einen solchen Eingriff von der GKV bezahlt bekommen möchten (siehe aber „Plastische Chirurgie“, Seite 58).

Schwangerschaft

Siehe „Vorsorge“ (ab Seite 64).

Schwangerschaftsabbruch

Ein nicht rechtswidriger Schwangerschaftsabbruch in einer zugelassenen Einrichtung wird einschließlich der vorherigen Beratung von der GKV bezahlt.

Soziotherapie

Anspruch auf Hilfe

Menschen, die wegen schwerer psychischer Erkrankungen nicht in der Lage sind, ärztliche oder verordnete Leistungen selbständig wahrzunehmen, haben Anspruch auf Hilfe. Gezahlt werden die Kosten, die entstehen, wenn eine qualifizierte Person die notwendigen Maßnahmen koordiniert und den Kranken motiviert. Voraussetzung ist, dass dadurch eine Krankenhausbehandlung vermieden oder verkürzt wird. Dieser Anspruch besteht für 120 Stunden innerhalb von drei Jahren.

Zuzahlung: Betroffene über 18 Jahre müssen zehn Prozent der tatsächlichen Kosten pro Tag, mindestens aber fünf und höchstens zehn Euro zahlen.

Sterbegeld

Aus dem Leistungskatalog der GKV gestrichen.

Sterilisation

Die Kosten werden nur von der GKV übernommen, wenn es für die Sterilisation einen medizinischen Grund gibt. Dient sie der Lebensplanung, muss der Versicherte selbst zahlen.

Vorsorge

Hier müssen zunächst zwei Begriffe geklärt werden, die gerade auch Ärzte falsch benutzen: „Vorsorge“ und „Früherkennung“. „Primäre Prävention“ zielt auf die Verhinderung von Krankheiten ab, beschreibt also die Vorsorge. Zur „sekundären Prävention“ zählen Maßnahmen, um Krankheiten festzustellen, bevor sie Beschwerden machen und gefährlich werden, das ist die Früherkennung. Dabei handelt es sich laut Definition um Untersuchungen ohne spezielle Verdachtsmomente, dass überhaupt eine Krankheit vorliegt. Und wegen der Vollständigkeit: Die „tertiäre Prävention" hat zum Ziel, das Fortschreiten einer Erkrankung oder deren Wiederauftreten möglichst zu vermeiden. In diesem Abschnitt befassen wir uns also, korrekter gesagt, vor allem um Früherkennung und um Gesundheitsprogramme.

Als GKV-Versicherter haben Sie Anspruch darauf, dass die Kosten für eine Reihe von Untersuchungen übernommen werden, soweit deren Nutzen anerkannt ist. Die folgenden Früherkennungsuntersuchungen zum Beispiel zahlt die GKV, weil viele Krebserkrankungen gut zu behandeln sind, wenn sie rechtzeitig erkannt werden:

- Jährlich eine gynäkologische Untersuchung auf Gebärmutterhalskrebs für Frauen ab dem 20. Lebensjahr einschließlich „Pap-Test".
- Brustkrebs: eine Tastuntersuchung für Frauen ab 30; eine Mammographie (Röntgenaufnahme) erfolgt dann, wenn es Verdachtsmomente gibt.
- Für Frauen zwischen 50 und 69 alle zwei Jahre ein Mammographie-Screening in einer zertifizierten Einrichtung (Screenings sind Untersuchungen von ganzen Bevölkerungsgruppen, auf die bei Verdachtsmomenten weitere Tests folgen).
- Einmal pro Jahr eine urologische Untersuchung für Männer ab dem 45. Lebensjahr.
- Alle zwei Jahre ein Hautkrebs-Screening bei Menschen ab dem 35. Lebensjahr.
- Eine jährliche Dick- und Enddarmuntersuchung für Frauen und Männer ab 50 sowie zwei (besonders aussagefähige) Routine-Darmspiegelungen im Abstand von zehn Jahren; wird dabei etwas gefunden, erfolgt die nächste Untersuchung früher. Alternativ: ein Test auf verborgenes Blut im Stuhl alle zwei Jahre bei Frauen und Männern ab dem 55. Lebensjahr.

Darmuntersuchungen

Manche dieser Untersuchungen dürfen Hausärzte, andere nur Spezialisten durchführen. Ferner können Sie ab dem 35. Lebensjahr eine allgemeine Gesundheitsuntersuchung („Check-up-35") in Anspruch nehmen, um Ihr Risiko für Herz-Kreislauf- und Nieren-Erkrankungen sowie Diabetes möglichst frühzeitig erkennen und gegebenenfalls reagieren zu können. Denn durch frühes Handeln lassen sich schwerwiegende Folgen oft vermeiden.

Zudem übernimmt die GKV die vollständige Schwangerschaftsvorsorge. Dazu gehört die Betreuung während der Schwangerschaft und im Wochenbett. Neben den notwendigen Kontrolluntersuchungen ist auch die Beratung wichtig, beispielsweise über Risiken während der Schwangerschaft. Zu den Vorsorgeleistungen zählen zum Beispiel auch Ultraschall- und Laboruntersuchungen.

TIPP

Gehen Sie zur Früherkennung

Zugegeben: Alle möglichen „Institute" und manche Ärzte bieten Gesundheits-Checks an, deren Nutzen recht zweifelhaft ist und die viel Geld kosten (siehe auch Kapitel 7). Über den Sinn einiger gesetzlich garantierter Früherkennungsuntersuchungen sind Experten ebenfalls verschiedener Auffassung, darüber wird dann in den Medien berichtet. Aber insgesamt können Sie das „Vorsorge"-Programm der GKV getrost als sinnvoll ansehen. Und die Klagen, dass umgekehrt die deutsche Bevölkerung die Früherkennung viel zu wenig nutzt, sind berechtigt. Lassen Sie sich diese Chance nicht entgehen.

Mitversicherte Kinder und Jugendliche haben Anspruch auf kostenlose Früherkennung, die sie und ihre Eltern unbedingt wahrnehmen sollten. Gleich nach der Geburt eines Kindes bekommen die Eltern im Krankenhaus oder beim Kinderarzt ein Untersuchungsheft, in dem genau aufgelistet ist, wann welche

Untersuchung ansteht. Die „U 1" bis „U 11" sollen helfen zu erkennen, ob das Kind eine normale körperliche, geistige und soziale Entwicklung durchläuft oder ob es gesundheitlich gefährdet ist. Jugendgesundheitsuntersuchungen finden zwischen dem 13. und 14. Lebensjahr statt. Auch für vorsorgliche Zahnuntersuchungen bei Kindern und Jugendlichen kommt die GKV auf. Zur Vorsorge gehören übrigens auch „Impfungen" (siehe Seite 49ff.) und „Kuren" (siehe Seite 54ff).

„Leitfaden Prävention"

Inzwischen bieten viele Kassen zusätzliche Gesundheitskurse an. Manche wurden früher als ineffektiv kritisiert, deshalb haben sich alle GKVen auf einen „Leitfaden Prävention" geeinigt, der Mindestanforderungen an die Qualität der Programme festgelegt. Wenn Sie sich mehr bewegen, gesünder ernähren, besser mit Stress umgehen oder mit dem Rauchen aufhören wollen, können Sie das unter Umständen ganz oder teilweise auf Kassenkosten angehen. Viele Versicherer bieten eigene Gesundheitsprogramme an, oft nicht nur das althergebrachte Herz-Kreislauf-Training oder die Rückenschule, sondern auch Nordic Walking oder Aqua-Jogging. Manche Kassen gewähren zudem Zuschüsse für Kurse bei geprüften Fremdanbietern.

„Setting-Ansatz"

Neben dem individuellen gibt es den „Setting-Ansatz" (hier bedeutet der englische Begriff so viel wie „Lebensumgebung"): Unbestreitbar ist, dass nicht nur das persönliche Verhalten, sondern auch die Verhältnisse guten oder schlechten Einfluss auf die Gesundheit haben können. Einen ersten Schritt, darauf zu reagieren, haben manche Krankenkassen dadurch gemacht, dass sie Gesundheitsprogramme beispielsweise in Schulen oder Betrieben anbieten.

Die meisten Krankenkassen fördern darüber hinaus Gesundheitskurse, die als Kompaktveranstaltungen während des Urlaubs absolviert werden. Verständlicherweise sind hier die Anforderungen aber streng. Zwar zahlen Sie in einem solchen Fall Reise, Unterkunft und Verpflegung selbst, dafür sind die Preise am Ort oft erstaunlich günstig – dank der Zuschüsse der GKV an den Veranstalter.

TIPP

Informieren Sie sich bei Ihrer Krankenkasse

Um zu erfahren, welche Präventionsprogramme Ihre Krankenkasse anbietet, setzen Sie sich mit ihr in Verbindung. Fragen Sie direkt nach und informieren Sie sich auch auf der Homepage. Mehr Informationen über Leistungsansprüche finden Sie im Internet, zum Beispiel unter:

www.gesetzlichekrankenkassen.de/leistungen/leistungen.html.

Zahnmedizin

Wie beim Arztbesuch übernimmt die gesetzliche Krankenkasse die Kosten für Zahnbehandlung und Zahnerhaltung nach der Grundregel „ausreichend, zweckmäßig und wirtschaftlich". Die Beträge, die der Zahnarzt für seine Leistungen abrechnen darf, werden von den einzelnen Kassen festgelegt.

Besonders kompliziert sind die Regelungen beim Zahnersatz. Sie können hier nur in Kürze dargestellt werden: Wenn Sie zum Beispiel eine Krone oder Brücke, eine Teil- oder Vollprothese benötigen, sollten Sie die finanziellen Aspekte zuvor ausführlich mit Ihrem Zahnarzt und Ihrer Krankenkasse besprechen. Informationen hierzu finden Sie im Internet zum Beispiel unter: www.kzbv.de/m226.htm.

„Heil- und Kostenplan"

Vor jeder zahnärztlichen Maßnahme, die für Sie als Patienten Kosten verursacht, müssen Sie bei Ihrer Krankenkasse einen „Heil- und Kostenplan" einreichen, um den GKV-Anteil auch wirklich zu bekommen. Ihr Zahnarzt muss dieses Dokument kostenlos erstellen und darf erst nach der Kostenübernahmeerklärung der Kasse mit der Behandlung beginnen. Sie haben auch das Recht, Vergleichsangebote von mehreren Zahnärzten einzuholen. Selbst wenn wohl kaum ein Normalbürger die Angaben im Behandlungsplan und die Notwendigkeit der einzelnen Maßnahmen versteht: Heben Sie eine Kopie des Dokuments auf, falls es später einmal zu Auseinandersetzungen kommt.

Zuzahlung: Der Eigenanteil für Zahnersatz, im Wesentlichen für das Material, kann in manchen Fällen tausende Euro betragen. Es ist sicherlich nicht verkehrt, frühzeitig Geld auf die hohe Kante zu legen, je nach dem individuellen Zustand des Gebisses und nach Lebensalter. Allgemein ausgedrückt bekommen Sie von der GKV einen „befundorientierten Festzuschuss". Er macht die Hälfte der Summe aus, die für die „Regelversorgung" bei einem bestimmten Befund festgelegt wurde. Diese ist für alle GKV-Patienten gleich hoch. Regelversorgung bedeutet vor allem, dass nur die Kosten für die medizinisch notwendige Zahnersatzart, also die einfachste Lösung, erstattet werden. Wenn Sie zum Beispiel statt einer Prothese Implantate wünschen oder eine in Zahnfarbe verblendete Krone, erhalten Sie lediglich 50 Prozent der Kosten erstattet, die mit der einfacheren Variante verbunden sind.

Befundorientierter Festzuschuss

TIPP

Befassen Sie sich vorab mit den Kosten

Hilfe zum Verständnis von Heil- und Kostenplänen gibt es im Internet zum Beispiel unter www.vz-nrw.de. Klicken Sie dort auf „Gesundheit + Pflege", „Ärzte" und dann auf „Zahnersatzkosten im Griff". Angesichts des oft beträchtlichen Eigenanteils für Zahnersatz kann es sich lohnen, Preise zu vergleichen. Im Internet finden sich zahlreiche Seiten, wenn Sie bei Google „Zahnersatz+Kostenvergleich" als Suchbegriffe eingeben. Zwischen dem billigsten und dem teuersten Angebot liegen oft viele hundert Euro und mehr.

Weitere Zuzahlungsregelungen: Wenn Sie nachweisen, dass Sie seit fünf Jahren einmal jährlich zur Kontrolle beim Zahnarzt waren, werden 60, nach zehn Jahren Vorsorge 65 Prozent der Kosten für die Regelversorgung von der GKV übernommen. Diese Kontrolluntersuchungen werden in ein Bonusheft eingetragen, das Sie immer ausfüllen lassen und gut aufbewahren sollten. In seltenen, medizinisch zwingend notwendigen Ausnahmefällen können Sie eine höhere als die Regelleistung erhalten, etwa bei angeborenen Fehlfunktionen im Mund oder am Kiefer. Ferner gibt es Härtefallregelungen für Menschen mit besonders niedrigem Einkommen; für sie wird der Festzuschuss komplett bezahlt.

Ausländische Labors

Bedenken Sie aber bei Ihrer Entscheidung Folgendes: Zum einen ist das Vertrauensverhältnis zum eigenen Zahnarzt wichtig, zum anderen liegen die Kostendifferenzen fast immer bei Material und Laborkosten. Ausländische Labors sind oft deutlich preiswerter und müssen trotzdem nicht automatisch schlechter sein. Es kann sich lohnen, Ihren Zahnarzt zu fragen, ob er vielleicht mit ausländischen Anbietern kooperiert und seinen ursprünglichen Kostenplan noch einmal überarbeiten kann.

KAPITEL 4

Welche Regeln gelten für die Verschreibung von Medikamenten?

Arzneimittel sind oft segensreich und können Leben retten, viele Fortschritte in der modernen Medizin wären ohne Medikamente nicht möglich gewesen. Zwei Beispiele: die Entdeckung von Penicillin und die Entwicklung von Impfstoffen gegen früher tödlich verlaufende Infektionskrankheiten. Andererseits gibt es Pillen, die nichts nutzen oder sogar gefährlich sind. Auf jeden Fall ist die Arzneimittelversorgung insgesamt teuer. Fast jedes Jahr steigen die damit verbundenen Ausgaben der deutschen GKVen stärker als die für andere Bereiche, außerdem wachsen sie prozentual schneller als die Kasseneinnahmen. Dafür gibt es mehrere Gründe:

Steigende Ausgaben

- Die Entwicklung neuer Mittel kostet viel Geld, das die Hersteller durch entsprechende Preise wieder hereinholen müssen. Allerdings stellen neu eingeführte Medikamente deutlich seltener echte Innovationen dar, als die Pharmaindustrie gerne behauptet. Oft werden nur die Inhaltsstoffe geringfügig variiert und das Mittel dann als neu angepriesen, um einerseits anderen Herstellern Konkurrenz zu machen. Andererseits wollen die Hersteller von den höheren Verkaufspreisen profitieren, die in den Einführungsjahren erlaubt sind. Mittel, die ein Hersteller nur entwickelt, um etwas vom Kuchen abzubekommen, werden in Fachkreisen „Me-too-Präparate“ genannt („me too“ kommt aus dem Englischen und bedeutet: „ich auch“).
- Die Lebenserwartung in reichen Ländern steigt glücklicherweise. Im höheren Alter benötigen wir aber oft mehr medizinische Versorgung, vor allem auch mit Arzneimitteln.
- Trotz aller Regelungsversuche sind Medikamente in Deutschland oft teurer als in vielen anderen, vergleichbaren Ländern. Der Einfluss der Pharmalobby ist hierzulande groß. Der jährlich erscheinende „Arzneiverordnungsre-

port" (siehe Literaturliste im Anhang) stellt regelmäßig fest, dass wegen überteuerter oder auch nicht empfehlenswerter Mittel pro Jahr viele Milliarden Euro zu viel ausgegeben werden.

- Kritiker monieren, dass es bei uns immer noch zu viele unsinnige Medikamente gibt.
- Schließlich lässt sich auch eine oft übertriebene Anspruchshaltung der Patienten nicht leugnen. „Dafür zahle ich ja schließlich meine Krankenkassenbeiträge", „viel hilft viel" oder „das Teuerste ist auch das Beste" – solche Vorstellungen spuken immer noch in vielen Köpfen herum.

In Einzelfällen ärgern Sie sich sicherlich zu Recht, wenn Sie etwas nicht auf Kassenkosten bekommen. Doch wenn alles unbesehen bezahlt werden würde, würden die GKV-Ausgaben für Arzneimittel ins Uferlose wachsen – und das ginge wieder zu Lasten aller, da dann die Versicherungsprämien steigen würden.

Unser Ratgeber über Ihre Ansprüche als Kassenpatient kann kein Buch über Nutzen und Risiken von Medikamenten sein. Daher werden hier nicht einzelne Mittel aufgeführt, sondern die Regeln, nach denen Sie etwas von der GKV bezahlt bekommen – oder auch nicht.

Die aktuellen Vorschriften

Es gibt zahlreiche Gesetze und Verordnungen, an die sich Krankenkassen, pharmazeutische Hersteller, Ärzte und Apotheker halten müssen. Soweit diese nicht mit finanziellen Aspekten zu tun haben, lassen wir sie weg. Erwähnt sei lediglich das Arzneimittelgesetz: Es soll dafür sorgen, dass Medikamente möglichst sicher sind, insbesondere dass der jeweilige Nutzen eines Mittels über einen eventuellen Nachteil, der mit der Einnahme verbunden ist, hinausgeht. In Deutschland sind hierfür das „Bundesinstitut für Arzneimittel und Medizinprodukte" (BfArM) sowie für Impfstoffe und Sera das „Paul-Ehrlich-Institut" (PEI) zuständig.

Arzneimittelgesetz

Allerdings haben alle EU-Länder die Entscheidung über die Zulassung neuer Mittel teilweise an die Europäische Arzneimittel-Agentur (EMEA) abgegeben. Das Arzneimittelgesetz eröffnet darüber hinaus die Möglichkeit, Präparate zu verbieten, wenn sie zu schädlich für die Patienten sind. „Verkehrsverbote" betreffen ferner den Schutz vor Verbrauchertäuschung und Dopingmitteln. Für Naturheilmittel gelten zum Teil besondere Regelungen.

TIPP

Welche Medikamente nehmen Sie ein?

Wenn Sie sich Medikamente ohne ärztlichen Rat besorgen, sollten Sie zumindest dem Apotheker sagen, welche Mittel Sie sonst noch nehmen (müssen). Und es ist vernünftig, den Hausarzt beim nächsten Besuch darüber zu informieren, welche Mittel Sie zusätzlich zu denen einnehmen, die Sie von ihm verschrieben bekommen haben.

Zweite Meinung

Viele Medikamente sind verschreibungspflichtig: Wenn davon auszugehen ist, dass ihre Einnahme ohne Beratung sowie Überwachung durch einen Arzt zu gefährlich ist oder wenn Missbrauchsgefahr besteht, dürfen sie nur auf Rezept abgegeben werden. Manche besonders teure Mittel für schwere Erkrankungen dürfen sogar nur verschrieben werden, wenn der behandelnde Arzt hierfür eine zweite Meinung von einem besonders qualifizierten Mediziner einholt; dazu gehören derzeit zum Beispiel Medikamente zur Behandlung des Lungengefäßhochdrucks. Vor allem für neuartige Präparate gilt: Sind die Wirkungen und Nebenwirkungen noch nicht ausreichend erforscht, besteht automatisch eine Verschreibungspflicht für die ersten Jahre.

Manche Mittel sind hingegen nur „apothekenpflichtig", sehr viele sogar „freiverkäuflich". Letztere finden Sie auch in Drogerien oder in Supermärkten. Es gibt eine Reihe von Arzneimittelexperten, die die Meinung vertreten, dass uns Verbrauchern die Selbstmedikation in Deutschland zu einfach gemacht wird.

Sowohl freiverkäufliche als auch verschreibungspflichtige Arzneien können Sie sich über Versandapotheken besorgen. Um die verschreibungspflichtigen zu erhalten, schicken Sie Ihr Rezept ein. Darüber gab und gibt es Auseinandersetzungen. Einerseits lässt sich über diesen bequemen Vertriebsweg der eine oder andere Euro sparen. Andererseits werden Sie jedoch nicht wie in der Apotheke beraten, zum Beispiel über Wechselwirkungen mit anderen Mitteln.

TIPP

Vieles, was im Internet angeboten wird, ist gefährlich

Seien Sie äußerst vorsichtig mit im Internet angebotenen Medikamenten. Sehr oft handelt es sich um Produktfälschungen, das heißt, der Wirkstoff ist gar nicht drin oder in falscher Dosierung. Im weltweiten Netz werden außerdem, oft per Spam-Mails, auch dubiose bis höchst riskante „Wundermittel" angeboten.

So werden die Versicherten vor hohen Preisanstiegen geschützt

Viele Gesundheitsreformen der vergangenen Jahre und Jahrzehnte hatten unter anderem zum Ziel, Sie als GKV-Versicherten vor allzu heftigen Preisanstiegen auf dem Arzneimittelsektor zu bewahren. Durch die im Folgenden dargestellten Regelungen wird zum einen der Anstieg der Krankenkassenprämien gebremst. Zum anderen gilt, dass vergleichsweise besonders günstige Arzneimittel (Festpreise, Rabattverträge) ganz oder teilweise von der Zuzahlung befreit sind. Sie profitieren also doppelt von diesen Regelungen. Die Preisgrenzen für Zuzahlungsbefreiungen werden zweimal pro Monat vom GKV-Spitzenverband aktualisiert und können im Internet eingesehen werden (www.gkv.info/gkv/).

Doppelter Vorteil

Gleichwertig, aber preiswerter

Für die meisten Indikationen (Gründe, aus denen ein bestimmtes Mittel verschrieben wird) gibt es mehrere Arzneimittel mit dem gleichen Inhalt. Viele davon sind aber sehr viel billiger als die „Markenpräparate“, manchmal liegen die Preisunterschiede bei 100 Prozent oder sogar deutlich darüber. Bei diesen Präparaten handelt es sich um sogenannte Zweitmittel, die Generika. Arzneimittelhersteller haben auf die Medikamente, die sie selbst entwickeln, in den ersten Jahren ein Patent, damit sie die Forschungskosten wieder hereinholen können. Nach Ablauf dieser Zeit können andere Firmen ein Mittel mit demselben Wirkstoff produzieren – eben ein Generikum.

Generika

Auf dem Kassenrezept gibt es ein Feld „aut idem“ (lateinisch für „oder Gleiches“). Das bedeutet, dass der Apotheker dazu verpflichtet ist, Ihnen das preisgünstigere Mittel auszuhändigen. Einzige Ausnahme: Der Arzt kreuzt auf dem Verordnungsformular an, dass in einem konkreten Fall aus medizinischen Gründen die Aut-idem-Regelung ausnahmsweise nicht gelten soll, beispielsweise wenn Sie gegen bestimmte Hilfsstoffe in einem Präparat allergisch sind.

GUT ZU WISSEN

Verlassen Sie sich auf Ihren Arzt

Oftmals argumentieren die Originalhersteller, Generika seien weniger gut, weil sie sich im Körper anders verhalten („Bioverfügbarkeit“), die Wirkstoffe also in anderer Menge oder mit einer anderen Geschwindigkeit aufgenommen werden. In den seltenen Fällen, in denen das zutrifft, ist die Verordnung von Zweitpräparaten meistens nicht vorgeschrieben. Ein kundiger Arzt kennt die wenigen Ausnahmen und wird entsprechend die Aut-idem-Regelung außer Kraft setzen. Was an dieser Stelle deutlich wird: Nicht Ihr Arzt ist „schuld“ daran, wenn Sie die „billigen“ – aber guten – Arzneimittel bekommen.

Festpreise und Höchstbeträge

Der Verkaufspreis für verschreibungspflichtige Präparate ist in allen Apotheken gleich. Was die Krankenkassen zahlen, wird aber anders bestimmt: Aus den Preisen von allen wirkstoffgleichen Arzneimitteln für einen Indikationsbereich wird ein Durchschnitt berechnet. Daraus ergibt sich dann der Festpreis, den die GKVen übernehmen. Wenn der Patient darauf beharrt, das teure Mittel zu bekommen, so muss er die Differenz zum Verkaufspreis zusätzlich zu seiner Eigenbeteiligung selbst zahlen.

Durchschnitt

Die Festbeträge liegen etwa im unteren Drittel der durchschnittlichen Preise der Gruppe wirkstoffgleicher Medikamente. Das führt dazu, dass viele Hersteller ihre Preise senken, um in diesem Segment mithalten zu können. Von dieser Regelung ausgenommen sind Mittel, die eine wirkliche therapeutische Verbesserung bieten oder für die es keine therapeutische Alternative gibt. Im Sinne der Kostendämpfung ist diese Regelung recht wirksam, die Arzneikosten in den Festbetragsgruppen sind stabil geblieben oder sogar gesunken. Demgegenüber stehen jedoch die festbetragsfreien Präparate, die immer noch den größeren Teil der GKV-Arzneimittelausgaben ausmachen.

Erstattungshöchstbeträge

Deshalb wurde im Jahr 2007 die gesetzliche Möglichkeit geschaffen, Erstattungshöchstbeträge für weitere Arzneimittelgruppen einzuführen, die zwar nicht denselben Wirkstoff enthalten, aber in ihren Effekten mit anderen Mitteln vergleichbar sind. Bis dies in der Praxis tatsächlich umgesetzt werden kann, muss jedoch erst einmal geklärt werden, nach welchen wissenschaftlichen Prinzipien Kosten und Nutzen verschiedener Therapieformen bei derselben Krankheit miteinander verglichen werden können. Daran arbeiten der Gemeinsame Bundesausschuss und das Institut für Qualität und Wirtschaftlichkeit im Gesundheitswesen noch. Der Methodenstreit darüber, welche Vorgehensweise die richtige ist, hat aber mittlerweile schon begonnen.

Rabattverträge

Ein weiterer Ansatz zur Kosteneinsparung: Der Gesetzgeber hat mit der Gesundheitsreform von 2007 die Bedingungen dafür geschaffen, dass Krankenkassen mit pharmazeutischen Unternehmen Rabatte vereinbaren können. Die Pharmafirma, die ihr Produkt zu einem besonders günstigen Preis anbietet, erhält den Zuschlag. Wenn Sie in der Apotheke ein Rezept mit dem Aufdruck Ihrer GKV vorlegen, kann es daher passieren, dass Sie dort nur das Präparat eines bestimmten Herstellers erhalten. Zwar erleichtert diese Regelung den Apothekern das Leben nicht gerade, da sie immer auch die verschiedenen Rabattverträge im Auge behalten müssen. Doch der Einspareffekt ist beträchtlich, und das ohne Qualitätsverlust.

Rabatte

TIPP

Wenden Sie sich im Zweifelsfall an Ihre Krankenkasse

Niedergelassene Ärzte stecken mitunter in einem Dilemma: Sie sollen pro Quartal „Richtgrößen" für insgesamt verursachte Arzneikosten nicht überschreiten. Es gibt jedoch Zeiten, in denen besonders viele Menschen krank werden, und innovative Medikamente, zum Beispiel gegen Rheuma, können sehr teuer sein. Dennoch gilt: Wenn ein Arzt sein Budget überschreitet, kann er dafür haftbar gemacht werden. Andererseits darf Ihnen kein Vertragsarzt ein notwendiges Medikament aus wirtschaftlichen Gründen verweigern (und Sie schon gar nicht dazu auffordern, dieses auf Privatrezept zu besorgen). Sie sollten sich in einem solchen Fall unbedingt an Ihre Krankenkasse wenden (siehe hierzu auch Kapitel 6).

Was gilt nach einem Krankenhausaufenthalt?

Diese Frage hat auch, aber nicht vorrangig mit Maßnahmen zur Kostendämpfung zu tun. Den damit verbundenen Ärger haben Sie als Patient vielleicht schon einmal zu spüren bekommen, als Sie im Krankenhaus zum Beispiel operiert oder wegen eines Herzleidens behandelt worden sind. Der Klinikarzt hat Sie während des stationären Aufenthalts mit einem Medikament behandelt und gesagt, dass Sie es noch eine Zeit lang weiternehmen müssen. Oder er stellt Sie neu ein, wie es im Ärztejargon heißt, weil er beispielsweise die Kombination Ihrer bisherigen Herzmittel nicht mehr für angemessen hält. Das kann ja auch durchaus richtig sein, schließlich hat dieser Arzt Sie aktuell sehr umfassend untersucht.

Die Probleme fangen meist dann an, wenn der Arzt im Krankenhaus Ihnen ein Markenpräparat für die ersten Tage mitgibt und es Ihrem Hausarzt für die Weiterbehandlung empfiehlt. Denn der Vertragsarzt in der ambulanten Versorgung ist ja dazu verpflichtet, wo immer möglich statt eines teuren Originalpräparats ein vergleichbar gutes, aber preiswerteres Mittel zu verordnen. Und er muss darüber immer wieder mit seinen Patienten diskutieren, weil manche einfach nicht glauben wollen, dass die „billige" Arznei genauso gut ist wie die teurere.

„Entlassungsmedikation"

Eigentlich sind auch die Kliniken gesetzlich verpflichtet, die „Entlassungsmedikation" nach wirtschaftlichen Gesichtspunkten vorzunehmen. Offenbar denken die Krankenhausärzte aber oft nicht daran, weil sie kaum Konsequenzen zu tragen haben und ihnen die diversen Preisvergleichslisten nicht vorliegen. Im November des Jahres 2009 haben sowohl das Bundesgesundheitsministerium als auch die Kassenärztlichen Vereinigungen darauf hingewiesen, dass die Entlassungsmedikation in einer Vielzahl von Fällen immer noch nicht nach „zweckmäßigen und wirtschaftlichen Kriterien" abläuft.

Was es auf Kassenkosten meist nicht gibt

Bei einer stationären Behandlung umfassen die Krankenhauskosten auch die Medikamente. In der ambulanten Versorgung zahlt die GKV die ärztlich verschriebenen Arzneien direkt bei den Apotheken (mit prozentualen Abschlägen sowie abzüglich der Patientenzuzahlungen). Davon ausgenommen sind die im Folgenden aufgeführten Mittel.

Freiverkäufliche Arzneien

Prinzipiell gilt: Sie erhalten nur rezeptpflichtige Medikamente auf Kassenkosten. Daneben gibt es auch einige Arzneien, die apotheken-, aber nicht rezeptpflichtig sind, und dennoch ausnahmsweise von der Krankenkasse gezahlt werden. Diese Mittel werden nach dem englischen Kürzel für „over the counter" (auf Deutsch: „über den Tresen") OTC-Präparate genannt. Für sie übernimmt die GKV dann die Kosten, wenn sie für schwerwiegende Krankheiten Therapiestandard sind.

„Over the counter"

Beispielsweise werden die Kosten für Abführmittel übernommen, wenn eine bestimmte Grunderkrankung vorliegt, Mittel zur Behandlung von Pilzinfektionen im Mund- und Rachenraum oder Eisenpräparate, wenn tatsächlich ein Eisenmangel im Blut vorliegt. Sogar freiverkäufliche Naturheilmittel können in Ausnahmefällen auf Kassenkosten verordnet werden, etwa Ginkgo-Extrakt, dem nachgesagt wird, das Fortschreiten einer Demenz zu verzögern.

TIPP

Gute Preise in der Apotheke

Während Ihnen der Apotheker bei verschreibungspflichtigen Arzneien keinen Rabatt gewähren darf, lässt er bei freiverkäuflichen Mitteln unter Umständen mit sich handeln. Auch ein Preisvergleich kann sich lohnen.

Der Gemeinsame Bundesausschuss führt eine OTC-Liste, die sich mitunter ändern kann (im Internet unter der Adresse www.g-ba.de/informationen/richtlinien/anlage/17).

BEISPIEL

Wenn die Verschreibungspflicht entfällt

Wenn ein Arzneimittel erst verschreibungspflichtig ist, später aber nicht mehr, kann sich das zu Ungunsten der Patienten auswirken – so geschehen in jüngster Zeit bei einigen Medikamenten gegen Beschwerden in der Speiseröhre und im Magen. Stoffe aus der Gruppe der „Protonenpumpenhemmer" wie „Omeprazol" und „Pantoprazol" haben gegenüber älteren Mitteln wie Säureblockern deutliche Vorteile. Die neueren Präparate wurden im Herbst 2009 bei vielen Indikationen rezeptfrei. Viele Generika-Hersteller haben daraufhin Nachahmerpräparate preiswerter herausgebracht, was nur auf den ersten Blick gut ist. Denn es bedeutet, dass die GKV solche Mittel nur noch bei bestimmten schwerwiegenden Erkrankungen bezahlt.

Bagatellarzneimittel

Pillen, Salben und Tropfen gegen Erkältungskrankheiten einschließlich hierbei anzuwendender Schmerzmittel, Hustenlöser und Lutschpastillen sind als Medikamente gegen Bagatellerkrankungen definiert, die Sie selbst bezahlen müssen. Hierzu zählen zum Beispiel auch Abführmittel, Mittel gegen Reisekrankheiten und einiges mehr.

Mittel für die Lebensqualität

Dazu zählt der Gesetzgeber beispielsweise die „Antibabypille", Appetitzügler oder Potenzmittel. Sie werden ebenfalls nicht von der GKV bezahlt.

Kombinationspräparate

Hierbei handelt es sich um Medikamente, die mehrere Arzneistoffe enthalten. Manche dieser Kombinationen werden als sinnvoll angesehen, einige wenige als unwirtschaftlich, weil die entsprechenden zwei Mittel mit nur einem Wirkstoff billiger sind. Im zweiten Fall dürfen sie nicht auf Kassenkosten verordnet werden. Ganz ausgeschlossen von der Erstattung sind Arzneimittel mit drei oder mehr Substanzen, und zwar aus medizinischen Gründen: Die eventuellen Risiken, die sich durch die Mehrfachkombination möglicherweise wechselseitig erhöhen, können nicht sicher beurteilt werden.

Unsinnige und gefährliche Mittel

Laut dem Arzneimittelgesetz sind solche Mittel „bedenklich, bei denen nach dem jeweiligen Stand der wissenschaftlichen Erkenntnisse der begründete Verdacht besteht, dass sie bei bestimmungsgemäßem Gebrauch schädliche Wirkungen haben, die über einen nach den Erkenntnissen der medizinischen Wissenschaft vertretbares Maß hinausgehen". Sie dürfen folgerichtig schon gar nicht verschrieben und von den Krankenkassen bezahlt werden. Das gilt auch für Arzneien, deren Wirksamkeit nur vom Hersteller behauptet wird, aber wissenschaftlich in keiner Weise bewiesen ist.

Schädliche Wirkung

Verschreibung außerhalb der zugelassenen Anwendungsgebiete

Jedes Medikament ist nur für die Behandlung einer oder mehrerer, klar definierter Krankheiten zugelassen. Manchmal gibt es aber wissenschaftliche Erkenntnisse, dass ein bestimmter Wirkstoff zusätzlich bei anderen Krankheiten hilft. Ein Arzt kann Ihnen das entsprechende Mittel gegen dieses andere Leiden durchaus verschreiben, doch ist dann seine Haftung umfassender als sonst; außerdem übernehmen die GKVen in solchen Fällen oft die Kosten nicht. Eventuelle Auseinandersetzungen mit der Krankenkasse sind dann auch Sache des Arztes, wenn er Ihnen das Präparat verschreibt. Ein solcher Gebrauch außerhalb des erlaubten Indikationsbereichs wird „Off-Label-Use" genannt.

Umfassendere Haftung

Wenn allerdings für eine lebensbedrohliche Erkrankung keinerlei therapeutische Alternative besteht, kann die GKV nach einem Beschluss des Bundesverfassungsgerichts (BVerfG) verpflichtet sein, die Kosten für das entsprechende Medikament zu übernehmen. Der Arzt würde sich sogar schuldig machen, wenn er Ihnen ein Mittel nicht gibt und Ihnen dadurch schadet. Das gilt auch in Fällen, in denen das Zulassungsverfahren für ein Medikament oder eine neue Indikation noch nicht abgeschlossen ist, obwohl es gute Hinweise für die Nützlichkeit gibt. Gerade in der Krebsbehandlung entwickeln sich die Dinge oft sehr rasch. Zum Off-Label-Use hat es in der Vergangenheit viele Rechtsstreitigkeiten gegeben. Das wird sich auch in Zukunft kaum ändern (siehe Kapitel 6).

„Off-Label-Use"

KAPITEL 5

Die Pflichten und Rechte von Ärzten und Patienten

Auch wenn Sie sicher ganz andere Dinge im Kopf haben, wenn Sie einen Arzt aufsuchen müssen: Denken Sie daran, dass Sie mit ihm einen Behandlungsvertrag abschließen, der sich für Sie gerade in Streitfällen auch finanziell auswirken kann. Viele Patienten denken nicht an so etwas, verständlicherweise, weil der Vertrag quasi automatisch geschlossen wird, und weil sie in der Regel mit der finanziellen Abwicklung nichts zu tun haben. Übrigens sind mündliche Verträge – das gilt auch für viele andere Bereiche – ebenso gültig wie schriftliche.

Dienstvertrag

Im Verhältnis zwischen Arzt und Patient handelt es sich um einen Dienstvertrag: Der Arzt verpflichtet sich, seine Arbeit fachgerecht auszuführen und Ihnen nach bestem Wissen und Gewissen zu helfen – was keine Erfolgsgarantie bedeutet. Der Arzt muss Sie außerdem darauf hinweisen, falls Ihnen bei einer vorgeschlagenen Behandlung Kosten entstehen, die von der GKV nicht übernommen werden. Bestes Beispiel dafür sind die Individuellen Gesundheitsleistungen (siehe Kapitel 7). Sie erklären Ihrerseits, dass die gesetzliche Krankenkasse – sozusagen in Ihrem Auftrag – die Leistungen des Arztes bezahlen soll. Ein Behandlungsvertrag kommt zustande, sobald Sie einen Termin ausgemacht haben oder Ihren Arzt telefonisch um Rat fragen.

Was gehört zur Behandlungspflicht des Arztes?

Ausnahmefälle

Prinzipiell ist jeder Vertragsarzt verpflichtet, Versicherte aller gesetzlichen Krankenkassen zu behandeln. Das darf er in begründeten Ausnahmefällen verweigern, zum Beispiel wenn ein Patient in der Praxis randaliert oder das Vertrauensverhältnis nachhaltig gestört ist, etwa weil ein Patient bei der Behandlung absolut nicht mitwirkt. Sie als Patient müssen Ihrerseits in eine Untersuchung oder Behandlung einwilligen. Das tun Sie im Allgemeinen schon dadurch, dass Sie eben deshalb zum niedergelassenen Arzt gehen. Bei der Behandlung von Kindern müssen die Eltern zustimmen.

Überweisung zum Facharzt

Der Arzt ist ferner verpflichtet, Sie zu einem (anderen) Facharzt zu überweisen, wenn dies nach seiner Einschätzung angezeigt ist. Auch das ordentliche Führen einer Patientenakte gehört zu den vertraglichen Pflichten der Ärzte. Im Regelfall haben Sie das Recht, die Behandlungsunterlagen einzusehen. Subjektive Einschätzungen – etwa über Ihren Charakter – kann der Arzt jedoch zurückhalten oder schwärzen. In Ausnahmefällen muss er auch objektive Befunde nicht herausgeben, und zwar dann, wenn er dies aus therapeutischen Gründen für angemessen hält – also wenn die Inhalte den Patienten übermäßig belasten würden. Dies kommt mitunter bei seelischen Krankheiten vor. Wenn Sie die Akte schriftlich haben möchten, beispielsweise, um sie einem anderen Arzt vorzulegen, müssen Sie die Kosten für Ausdrucke oder Kopien selbst zahlen.

Darüber hinaus gehört zum Behandlungsvertrag die Schweigepflicht des Arztes. Sogar an die Krankenkasse darf er nur dann Informationen über Ihre Krankheiten weitergeben, wenn Sie einen Kostenübernahmeantrag stellen, zum Beispiel für eine medizinische Vor- oder Nachsorge. Auch wenn ein Patient an einer meldepflichtigen Infektionskrankheit erkrankt ist, gilt die Schweigepflicht nicht.

TIPP

Denken Sie an Ihre Versichertenkarte

Wenn Sie einmal Ihre Krankenversicherungskarte vergessen haben, ist das zunächst kein Grund, Ihnen die Behandlung zu verweigern. Wenn Sie die Karte allerdings nicht in angemessener Frist nachreichen, kann der Kassenarzt seine Leistungen wie bei einem Privatpatienten berechnen. Wenn Sie dann später den Rechnungsbetrag von der Kasse zurückhaben wollen, bringt das viele Scherereien und führt oft zu finanziellen Verlusten.

Ohne Zweifel erfüllen die meisten Ärzte ihre Pflichten sorgfältig. Aber Verstöße kommen vor, und mindestens nach dem Eindruck einiger Patienten nehmen sie auch zu. Wie in jedem Berufsstand gibt es Mediziner, die ihre rechtlichen und ethischen Verpflichtungen vernachlässigen. Und einige fühlen sich – ob zu Recht oder zu Unrecht – ökonomisch unter so starkem Druck, dass sie versuchen zu tricksen. Zugegebenermaßen ist der Patient in solchen Fällen hier manchmal machtlos. Andererseits: Die zuständigen Behörden reagieren umso eher, je mehr Patienten sich beschweren.

Wenn's mal wieder etwas länger dauert

Sie sitzen zu Ihrem Ärger ewig im Wartezimmer, müssten aber schon längst bei der Arbeit sein oder haben andere wichtige Verpflichtungen. Und das, obwohl Sie doch zu einer festen Zeit in die Praxis bestellt worden sind.

Verständnis

Es gibt niedergelassene Ärzte, welche die Terminvergabe und -einhaltung sehr gut im Griff haben, andere sind die reinsten Chaoten. Natürlich spielt auch eine große Rolle, wie gut das Team in der Praxis zusammenarbeitet. Versuchen Sie aber, dafür bis zu einem gewissen Punkt Verständnis aufzubringen. Für einige Patienten muss sich Ihr Doktor vielleicht mehr Zeit nehmen, als im Vorhinein abzusehen war. Oder es kommt ein Notfall dazwischen – und das könnten irgendwann einmal auch Sie sein.

Eine gewisse Wartezeit ist auch bei perfekter Praxisorganisation nicht auszuschließen. Dagegen vorzugehen ist sowieso fast unmöglich: Nur dann, wenn es Ihnen gelingt, den schwierigen Nachweis zu führen, dass Ihnen der Arzt aus eigenem Verschulden zum Beispiel einen Verdienstausfall beschert hat, haben Sie Chancen, eine juristische Auseinandersetzung um Schadenersatz zu gewinnen. Im schlimmsten Fall bleibt Ihnen praktisch gar nichts anderes übrig, als den Arzt zu wechseln.

Patienten zweiter Klasse?

Noch ärgerlicher als das lange Herumsitzen in der Praxis sind die langen Wartezeiten, bis Sie überhaupt einen Arzttermin bekommen. Inzwischen leugnen einige Ärzte und Ärztefunktionäre gar nicht mehr, dass sie GKV-Versicherte länger warten lassen als Privatpatienten. Sie sagen aber, dass den Kassenpatienten keine gesundheitlichen Nachteile entstünden, da dies selbstverständlich nicht bei medizinisch dringend notwendigen Untersuchungen oder Behandlungen vorkäme.

Das stimmt aber nicht immer: Mehrfach haben wissenschaftliche Institute und einige Medien Menschen in Arztpraxen anrufen und um einen Termin bitten lassen. Die Anrufer haben sich einmal als Kassenpatient, einmal als Privatpatient ausgegeben und immer die gleichen Beschwerden geschildert. Sehr oft bekamen die „Privatpatienten" viel schneller einen Termin, und zwar auch bei Symptomen, die eine sofortige Untersuchung und Behandlung zwingend erforderlich machen (Beispiel: „Ich habe Blut im Stuhl."). Hier nehmen Ärzte möglicherweise doch schwere Schäden der Patienten in Kauf.

GUT ZU WISSEN

Urteil des Bundessozialgerichts

Interessant ist in diesem Zusammenhang ein Urteil des Bundessozialgerichts aus dem Jahr 2009: Die Zulassung von Vertragsärzten ist regional begrenzt; wenn sich aber in einem Gebiet lange Wartezeiten bei der Terminvergabe häufen, kann das die KV dazu zwingen, weitere Vertragsärzte in der Gegend zuzulassen. Je häufiger sich Patienten also bei ihren Krankenkassen über zu lange Wartezeiten auf einen Arzttermin in einer Region beschweren, desto höher die Chance, dass die GKVen dort den Ärzten weitere Konkurrenz beschert.

An der Ungleichbehandlung, die so mancher Arzt zulässt, wird sich wohl wenig ändern, solange die Terminvergabe für

GKV- und PKV-Patienten nicht im Sicherstellungsauftrag der Kassenärztlichen Vereinigungen festgeschrieben ist. Bis das passiert ist, sollten Sie dennoch der Aufforderung der gesetzlichen Krankenkassen nachkommen, solche Fälle zu melden.

„Mein Budget ist erschöpft"

Die Kassenärztlichen Vereinigungen erhalten von der GKV eine Gesamtvergütung, die für die Honorare aller Ärzte und die von ihnen veranlassten Leistungen (etwa Medikamente) ausreichen muss. Wenn diese Grenze in einem Quartal überschritten wird, bekommt der Arzt womöglich kein Geld mehr für die Behandlung weiterer Patienten.

Erwähnt sei jedoch, dass die Summe der GKV-Arzthonorare 2009 immerhin kräftig angehoben wurde. Unbestreitbar ist, dass es neben Gutverdienern so manchen Arzt gibt, der finanziell nicht gerade auf Rosen gebettet ist. Man kann das Problem also auch als eines der „innerärztlichen Verteilungsgerechtigkeit" betrachten: Es sind die Vertretungen der Ärzte selbst, die KVen, die den „Honorarkuchen" auf die unterschiedlichen Medizinergruppen aufteilen. Recht bekannt ist ja, dass zum Beispiel Laborärzte oder Radiologen oft zu den Gutverdienern gehören, während Kinder- und Hausärzte meist schlechter dastehen.

Verteilung der Honorare

Das ist der Hintergrund, vor dem manche Ärzte ihre Patienten aufs nächste Quartal vertrösten. Dringende Untersuchungen und Behandlungen dürfen aber auf keinen Fall mit dem Hinweis auf ein ausgeschöpftes Budget verzögert werden. Und zumindest ethisch, wenn nicht auch rechtlich, ist es unserer Meinung nach nicht akzeptabel, dass Ärzte diese Probleme auf dem Rücken der Patienten austragen, etwa wenn sie in Zeiten von Honorarverhandlungen streiken. Wenn dann gar „nur gegen Vorkasse" behandelt wird, ist spätestens das ein klarer Verstoß gegen Vertragsarztpflichten, den Sie Ihrer GKV melden sollten. Sie würden das Geld, das Sie selbst zahlen, wahrscheinlich nicht von Ihrer Kasse wiederkriegen. In krassen Fällen dürfte sowieso nur juristische Gegenwehr gegen den Arzt helfen.

„Privatbehandlung"

Es gibt noch eine weitere Methode, mit der einige Vertragsärzte unter Verletzung ihrer Pflichten versuchen, an Geld zu kommen: Sie bieten GKV-Patienten einen früheren Termin an, um eine „Privatbehandlung" durchzuführen. Die betreffenden Personen bezahlen aus eigener Tasche und sollen sich das Geld dann von ihrer Kasse wiederholen. Das kann nicht nur den Arzt seine Kassenzulassung kosten, sondern auch für Sie kann es teuer werden, weil die GKV – wenn überhaupt – nur ihm Rahmen ihrer Leistungspflicht erstattet.

„Der Doktor nimmt keine neuen Patienten mehr"

In manchen medizinischen Fachgebieten oder Regionen gibt es tatsächlich zu wenige Vertragsärzte. Und mehr als arbeiten können die auch nicht, Behandlungspflicht hin oder her. Im Klartext: Ein Vertragsarzt kann sich weigern, einen neuen Patienten zu behandeln, wenn seine Praxis völlig überlaufen ist und er nicht in angemessener Zeit einen Behandlungstermin vergeben kann. Im Zweifelsfall wird hier darüber zu streiten sein, was „machbar", also wann die Grenze der ärztlichen Arbeitsbelastung erreicht ist.

In keinem Fall darf sich eine solche Ablehnung auf Versicherte einer bestimmten Kassenart beschränken, zum Beispiel weil eine bestimmte GKV-Gruppe geringere Honorare zahlt. Bei vorgeschobener oder wirklicher Überlastung darf ein Arzt vor allem nicht Kassenpatienten ablehnen, aber gleichzeitig neue Privatpatienten annehmen!

Grundsätzlich darf ein Kassenarzt selbstverständlich Privatpatienten behandeln, das tun die meisten auch. Ob es stimmt, dass manche Arztpraxen ohne die besser bezahlenden Privatpatienten nicht überleben könnten, soll hier gar nicht beurteilt werden. Was jedoch generell klar sein sollte: Ärzte sind Freiberufler. Dass sie in unserem Wirtschaftssystem darauf achten, ordentlich Einnahmen zu haben und dafür den Privatpatienten auch gewisse Privilegien einräumen, ist normal. Aber: Vertragsärzte dürfen nur einen so großen Anteil von Privatpatienten haben, dass sie ihre Pflichten gegenüber der GKV und deren Versicherten nicht vernachlässigen.

Zusammenfassung: wenn eine Behandlung aus finanziellen Gründen verweigert wird

Die Entscheidungen der Sozialgerichte sind nach Auffassung von manchen Juristen etwas zwiespältig, wenn es darum geht, ob ein Vertragsarzt einzelne Leistungen oder gar die Behandlung von Patienten aus Kostengründen verweigern darf. Einerseits ist zu bedenken: Mediziner müssen nicht GKV-Vertragsärzte werden, sie können auch beispielsweise im Krankenhaus, im öffentlichen Gesundheitsdienst oder in einer reinen Privatpraxis arbeiten. Insoweit tragen sie das ökonomische Risiko weitgehend selbst. Andererseits hat das Bundesverfassungsgericht für „öffentlich gebundene" Freiberufler (hier ging es um Rechtsanwälte und Notare) gesagt, sie hätten Anspruch auf „angemessene Vergütung". Dennoch: Vertragsärzte und ihre Organisationen haben bisher vor Gerichten fast immer eine Bauchlandung hingelegt, wenn sie sich das Recht erstreiten wollten, Leistungen zu verweigern, weil sie angeblich an GKV-Patienten nicht genug verdienen.

Ökonomisches Risiko

Korruptionsvorwürfe im Gesundheitswesen

Das Thema „Korruption im Gesundheitswesen" sprechen wir deshalb kurz an, weil auch Sie davon betroffen sind. Denn indirekt zahlen Sie zum Beispiel Bestechungsgelder – mit Ihren Krankenversicherungsbeiträgen. Die meisten Angehörigen der Berufsgruppen, die im Gesundheitswesen tätig sind, arbeiten sicherlich korrekt. Aber es gibt sie: Ärzte, die bei der Abrechnung mit gesetzlichen Kassen betrügen (ebenso wie Labore, Zahntechniker, Sanitätshäuser oder Kliniken), oder Apotheker, die nicht eingelöste Rezepte bei der Kasse abrechnen. Hinzu kommt die direkte oder indirekte Bestechung von Medizinern durch Pharmafirmen. Die deutsche Sektion von „Transparency International", eine Organisation, die gegen Korruption in der Wirtschaft kämpft, hat mehrfach bemängelt, dass die Geldflüsse im hiesigen Medizinbetrieb nicht ausreichend zu durchschauen seien; geschätzte 14 Milliarden Euro würden deshalb zusätzlich zu den notwendigen Ausgaben im Gesundheitswesen verschleudert. Das Bundeskriminalamt macht für die „Trickserei" unzureichende Kontrollen bei den Abrechnungen zwischen Leistungserbringern und den gesetzlichen Krankenversicherungen verantwortlich. Dass die Politik härter gegen Korruption im Gesundheitswesen vorgehen müsse, fordern Fachleute immer wieder.

„Transparency International"

Im Jahr 2009 zum Beispiel wurde bekannt, dass niedergelassene Ärzte von manchen Krankenhäusern Geld dafür erhalten, dass sie ihre Patienten nur dorthin überweisen, um bestimmte Untersuchungen und Behandlungen durchführen zu lassen. Die berechtigte Befürchtung: Patienten kommen nicht in das für ihren Fall beste Krankenhaus, sondern in das mit den höchsten „Fangprämien".

Allerdings weisen Ärzte-Organisationen auch darauf hin, dass das Medizinsystem nachgerade zu Unkorrektheiten verführe. Mitunter werde mit zweierlei Maß gemessen: Bei der Integrierten Versorgung sei die enge Zusammenarbeit zwischen niedergelassenen Ärzten und bestimmten Kliniken gefordert. Für ihren Aufwand erhielten die Vertragsärzte dabei ja auch ein Honorar. Um aber die Spreu vom Weizen zu trennen, haben Bundesärztekammer, Kassenärztliche Bundesvereinigung und Deutsche Krankenhausgesellschaft im November 2009 beschlossen, eine „Clearingstelle" zu schaffen. Sie soll Verträge über „Zuweiserprämien" prüfen.

TIPP

Verlangen Sie im Zweifelsfall Auskunft

Es gibt keinen Grund, von Ärzten immer nur Schlechtes zu denken – man sagt ja zu Recht „Arzt des Vertrauens". Wenn Ihnen aber allzu viel Spanisch vorkommt, dann können Sie bei Ihrer Kasse Auskunft über die abgerechneten Leistungen beantragen – ohne dass der betreffende Behandler etwas davon erfährt.

Habe ich ein Anrecht auf Hausbesuche?

Selbst wenn die Verhältnisse heute nicht mehr so sind, wie es Dr. Sommerfeld aus der Fernsehserie „Praxis Bülowbogen" glauben machen will: Immer noch haben Vertragsärzte eine „Besuchspflicht". Allerdings gibt es in manchen Städten einen guten kassenärztlichen Notdienst, der als Ersatz dienen kann. Ansonsten gilt: Wenn ein Behandlungsvertrag existiert, Sie also Patient bei einem Arzt sind, muss er Sie zu Hause aufsuchen, wenn Sie aus medizinischen Gründen nicht in der Lage sind, in seine Praxis zu gehen. Das allerdings nur, wenn er nicht gleichzeitig in seiner Sprechstunde Patienten behandeln muss. Wenn es sich um einen Notfall handelt, ist Ihr Arzt verpflichtet, sich um anderweitige Versorgung zu kümmern, soweit Sie oder Ihre Angehörigen das nicht schon selbst getan haben.

Was gilt für den Notdienst?

Bereitschaftsdienst

Damit die Versicherten auch außerhalb der üblichen Sprechzeiten medizinisch versorgt werden können, sind die Kassenärztlichen Vereinigungen verpflichtet, einen Bereitschaftsdienst für jene Zeiten zu organisieren, in denen alle oder fast alle Praxen geschlossen sind. Dazu zählen vor allem die Zeit nach 18 Uhr, die Wochenenden und Feiertage. Die Notdienste sind in den einzelnen Regionen verschieden organisiert, die Nummern finden Sie jeweils im örtlichen Telefonbuch. Unter Umständen kann es aber lange dauern, bis der Bereitschaftsarzt kommt – die „Fälle“ werden nach Dringlichkeit abgearbeitet.

Sollten in Ihrer Region beispielsweise am Mittwochnachmittag nicht ausreichend Kassenärzte Bereitschaft haben, muss die Kasse auch für eine privatärztliche Notfallbehandlung bezahlen. Für solche Situationen gilt aber: Überlegen Sie genau, ob die Behandlung unmittelbar notwendig ist. Es kann manchmal strittig sein, was der Begriff „Notfall“ bedeutet – und dann gibt es vielleicht Ärger bei der Kostenübernahme.

Begriff „Notfall“

Selbstverständlich sollten Sie bei akuten, schweren Erkrankungen nicht den Bereitschaftsarzt, sondern sofort den Rettungsdienst (112) rufen oder sich sofort in die Notfallambulanz eines Krankenhauses fahren lassen. Die Kosten dafür übernehmen die Krankenkassen.

GUT ZU WISSEN

Patientenfreundliche Öffnungszeiten

Es gibt inzwischen viele Ärzte, die ihre Praxiszeiten sehr patientenfreundlich gestalten. Sie bieten zum Beispiel Sprechstunden für Berufstätige auch am frühen Abend an. In manchen Großstädten werden sogar Sonntagssprechstunden abgehalten, eine sinnvolle Ergänzung zum Notdienst in den Kliniken. In Berlin ist darüber ein abstruser Streit entbrannt: Aus arbeitsrechtlichen Gründen will dort die Politik diesen Service verbieten, denn Sonntagsarbeit sei für Angestellte wie eben auch Praxishelferinnen nur in Ausnahmefällen erlaubt.

Was bedeutet „Mitwirkungspflicht des Patienten“?

Aus dem Behandlungsvertrag erwächst für Sie als Patient vor allem eine Pflicht: Sie müssen die ärztlichen Maßnahmen nach besten Kräften unterstützen und Therapiehinweise befolgen. Das heißt selbstverständlich nicht, dass Sie Ihre Entscheidungsfreiheit an der Praxistür aufgeben. Patienten aber, die beispielsweise alle notwendigen Untersuchungstermine versäumen und bei denen sich dadurch die Krankheit bedrohlich verschlimmert, können eine Mitschuld zugeschrieben bekommen, wenn es zu einem Haftungsstreit kommt. Und man darf davon ausgehen, dass die Krankenkasse weniger geneigt ist, einem Menschen, der sich ansonsten gar nicht um seine Gesundheit kümmert, etwa eine Kur zu bewilligen.

Mitschuld bei Haftungsstreit

Mitwirken bei der ärztlichen Behandlung heißt zum Beispiel auch, Termine einzuhalten. Wenn Sie zu einem vereinbarten Termin zu spät oder gar nicht erscheinen, ohne rechtzeitig abzusagen, kann der Arzt unter Umständen verlangen, dass Sie ihm seinen Einnahmeausfall erstatten. Das kann zum Beispiel bei einer vorgesehenen ambulanten Operation der Fall sein, wenn der Arzt die für Sie reservierte Zeit nicht für einen anderen Patienten nutzen kann (mehr über Auseinandersetzungen und Streitfälle siehe Kapitel 6).

KAPITEL 6

Was tun, wenn Sie mit der Entscheidung Ihres Arztes oder Ihrer GKV nicht einverstanden sind?

- Muss die Kasse eine Perücke bei Chemotherapie, Fußpflege oder ein Schwerhörigentelefon zahlen?
- Gehört eine Haut- und Schmerzbehandlung am Toten Meer in die GKV-Leistungspflicht?
- Welche „Alternativtherapien" sind verordnungsfähig?
- Welche Ausführung eines Rollstuhls ist „wirtschaftlich und angemessen"?
- Wird ein Medikament bezahlt, das bei uns noch nicht, wohl aber in einem anderen Land bereits zugelassen ist?

Obwohl reichlich Regeln für die Kostenerstattung bei medizinischen Behandlungen und Leistungen festgelegt sind, gibt es immer wieder Streit, gerichtliche Auseinandersetzungen und zudem Änderungen, welche Leistungen die GKV denn nun bezahlt. Zwei Gründe sind dafür ausschlaggebend: Es liegt in der Natur der Sache, dass sich nicht alle individuellen Fragen per Gesetz oder Verordnung regeln lassen, immer wieder gibt es Grenzfälle. Zum anderen entwickelt sich die Medizin stetig weiter. Viele Fragen, die Menschen und ihre Krankheiten betreffen, können nicht vorhergesehen und abschließend geregelt werden.

Grenzfälle

„Wissenschaftlich nicht gesicherte" medizinische Verfahren dürfen beispielsweise nicht von der GKV bezahlt werden. Ausnahmen sind aber zulässig, wenn eine schwerwiegende oder gar lebensbedrohliche Krankheit vorliegt und der Patient als „austherapiert" gilt beziehungsweise keine „etablierte Therapie" für die Erkrankung zur Verfügung steht. Es ist leicht vorstellbar, dass es bei solchen Definitionen oft verschiedene Interpretationen gibt.

Was können und sollten Sie, auch rechtlich gesehen, unternehmen, wenn Sie meinen, auf eine medizinische Leistung angewiesen zu sein, Ihre Krankenkasse aber sagt, sie gehöre nicht zum Leistungskatalog der GKV? Hier finden Sie Tipps für Auseinandersetzungen mit Ärzten, bei denen es ums Geld geht. Juristische Fragen etwa zu Behandlungsfehlern oder Patientenverfügungen sind hingegen nicht Thema in diesem Buch. Grundsätzlich ist zu empfehlen, sich im Zweifelsfall erst einmal Rat zu holen: bei unabhängigen Patientenverbänden, der zuständigen Verbraucherzentrale (Adressen siehe Anhang) oder bei einer Rechtsberatung, wenn Sie zum Beispiel auf der Suche nach einem geeigneten Anwalt sind.

Holen Sie sich Rat

Der Unterschied zwischen öffentlichem und privatem Recht

Sinnvoll ist es selbstverständlich immer, zunächst eine gütliche Lösung anzustreben, etwa in einem Gespräch mit dem Arzt Ihres Vertrauens oder Ihrer Krankenkasse. Aber auch wenn sich eine rechtliche Auseinandersetzung nicht vermeiden lässt, müssen Sie keine Angst haben. Im ersten Schritt ist es wichtig, dass Sie den Unterschied zwischen Zivilrecht und öffentlichem Recht kennen.

Streit mit der GKV: weitgehend kostenlos

Grundsätzlich werden Klagen gegen eine gesetzliche Krankenversicherung in der Sozialgerichtsbarkeit (öffentliches Recht) verhandelt. Die erste Instanz ist das örtlich zuständige Sozialgericht (SG), der Fall kann dann zum Landessozialgericht (LSG) und unter bestimmten Voraussetzungen bis hin zum Bundessozialgericht gehen. Auseinandersetzungen vor Sozialgerichten sind für Sie kostenfrei. Das bedeutet aber nur: Sie bezahlen keine Gerichtskosten, egal ob Sie gewinnen oder verlieren. Ihre eigenen außergerichtlichen Kosten, zum Beispiel und vor allem die für einen Rechtsanwalt, müssen Sie selbst bezahlen, falls Sie vor Gericht unterliegen. Ausnahme: Sie sind finanziell bedürftig, dann können Sie Pro-

Eigene Kosten

zesskostenhilfe beantragen. Achten Sie darauf, dass Ihr Anwalt nach der normalen Gebührenordnung für Rechtsanwälte abrechnet und nicht horrende Stundensätze verlangt. Und Ihr rechtlicher Beistand sollte auf jeden Fall ein spezialisierter Fachanwalt für Sozialrecht sein.

Kein Anwaltszwang beim Sozialgericht

Bei den Sozialgerichten der ersten beiden Instanzen (SG und LSG) besteht kein Anwaltszwang, Sie können sich selbst vertreten. Beim BSG ist dann allerdings ein Anwalt vorgeschrieben. Sehr ratsam ist es, die kostenlose Formulierungshilfe (aber keine juristische Beratung) der „Rechtsantragsstelle" des Gerichts in Anspruch zu nehmen, und zwar schriftlich oder noch besser, indem Sie dort hingehen. Denn wer kann schon selbst juristisch korrekt ausdrücken, worum es ihm im angestrebten Verfahren geht?

Günstig ist auch die Tatsache, dass beim Sozialgericht der „Amtsermittlungsgrundsatz" gilt: Das Gericht muss von sich aus alle Fakten zusammentragen und die notwendigen Unterlagen anfordern. Bei einem Zivilprozess ist es anders, da müssen die Kläger von sich aus Beweise und Unterlagen besorgen und vorlegen.

Konkretes Vorgehen

Sie haben zum Beispiel eine stationäre Reha beantragt, Ihre gesetzliche Kasse will diese aber nicht bewilligen? Dann gehen Sie so vor: Nachdem Ihr Antrag abgelehnt wurde, müssen Sie zunächst innerhalb eines Monats bei Ihrer GKV formlos und schriftlich Widerspruch einlegen. Bitten Sie Ihren Arzt, dass er eine Begründung dazu schreibt, und schicken Sie sie gleich mit. Erst wenn dieser Widerspruch von der Kasse nicht akzeptiert wird, können Sie Klage beim Sozialgericht einreichen.

Geht es um eine therapeutische Maßnahme, bei der Eile geboten ist, weil sich zum Beispiel sonst Ihrer Meinung nach die Krankheit verschlimmert oder die Therapie zu einem späteren Zeitpunkt sinnlos wäre, können Sie ein Eilverfahren beantragen: Das Gericht wird dann nach summarischer, also grober Prüfung eventuell eine einstweilige Anordnung erlassen und die Kasse dazu verpflichten, die Kosten sofort zu übernehmen. Für den Fall, dass in einem weiteren Prozess doch anders entschieden wird, gilt: Sie müssen das Geld nicht zurückzahlen.

Sollten Sie vor dem zuständigen Sozialgericht unterliegen, können Sie sich mit Ihrer Angelegenheit unter Umständen an das nächsthöhere Gericht, das LSG, wenden. Ihre Berufung muss dafür vom Sozialgericht zugelassen werden. Das ist beispielsweise möglich, wenn es um eine Sachleistung geht, die teurer als 750 Euro ist, oder wenn es sich um eine länger als ein Jahr laufende Leistung handelt. Das SG ist verpflichtet, die Berufung zuzulassen, wenn die Angelegenheit eine grundsätzliche Bedeutung hat. Gleiches gilt, wenn das Urteil von Entscheidungen höherer Gerichte abweicht oder wenn ein Verfahrensmangel geltend gemacht wird. Zum BSG wiederum gehen Auseinandersetzungen mit der GKV bei Verfahrensfehlern des LSG, bei Rechtssachen von grundsätzlicher Bedeutung oder bei einer Abweichung von früheren Entscheidungen des Bundessozial- oder gar des Bundesverfassungsgerichts (was gerade bei neuen Entwicklungen durchaus vorkommen kann).

Grundsätzliche Bedeutung

BEISPIEL

Entscheidungen über Arbeitsunfähigkeit

Die Unabhängige Patientenberatung Deutschland (UPD) berichtet, dass es besonders häufig zum Streit mit gesetzlichen Krankenkassen kommt, wenn ein Arzt einen Patienten für derzeit arbeitsunfähig erklärt, der MDK dies aber bestreitet (was er darf). Leider kommt es jedoch vor, dass der MDK einen Menschen allein aufgrund von Unterlagen für gesund erklärt, ohne ihn jemals gesehen zu haben – der oder die Betreffende bekommt dann kein Krankengeld. Die UPD rät, mithilfe des Arztes unverzüglich Widerspruch einzulegen und nötigenfalls auch eine Klage einzureichen.

Auseinandersetzungen mit dem Arzt über Kosten

Dass sich ein Patient mit seinem Arzt über Geld streitet, kommt vergleichsweise selten vor. Normalerweise rechnet er ja über die KV mit der Krankenkasse ab, sodass man davon in der Regel nichts mitkriegt. Ein Beispiel: Der Arzt hat Ihnen ein Hilfsmittel verschrieben, das nicht in den Leistungskatalog der GKV gehört. Sie holen dieses Produkt im Sanitätshaus ab. Darauf haben Sie einen Anspruch, sobald Sie die Verordnung vorlegen. Falls der Krankenkasse später auffällt, dass diese Verschreibung unzulässig war, wird sie sich unter Umständen die Kosten im Wege eines Regresses vom Vertragsarzt zurückholen. Der Doktor darf aber dann nicht von Ihnen verlangen, dass Sie ihm diesen Betrag erstatten.

Anfrage bei der Krankenkasse

Umgekehrt kann es passieren, dass Ihnen ein Arzt gleich sagt, er könne ein bestimmtes Medikament nicht auf Kassenkosten verschreiben, weil er sonst regresspflichtig gemacht würde. Selbstverständlich hat er dazu das Recht. Sie oder der Doktor selbst können sich in einem solchen Fall aber an die GKV wenden und nachfragen. Dort wird dann geprüft (wie bei einer antragspflichtigen Leistung, etwa Kuren), ob die Kosten für das Mittel doch bezahlt werden können. So etwas ist zum Beispiel möglich, wenn zuständige Gremien über die Erstattungspflicht neuartiger Methoden noch diskutieren.

Aber manchmal kann es eben doch dazu kommen, dass Sie sich mit einem Arzt über das Thema Geld auseinandersetzen müssen, zum Beispiel wenn er eine Kassenleistung privat abrechnen will (was er nicht darf); oder wenn es für eine IGeL-Leistung keinen ordnungsgemäßen Vertrag gibt und Ihnen die Rechnung zu hoch erscheint. Auch hier gilt: Versuchen Sie immer, sich gütlich zu einigen – womöglich auch, indem Sie einen Schlichter einschalten. Unser Rat: Am besten ist es, Sie informieren sich als Erstes bei Ihrer gesetzlichen Krankenkasse. Wenn Ihrer Meinung nach ein grobes Fehlverhalten eines Vertragsarztes vorliegt, wenden Sie sich auch an die zuständige Kassenärztliche Vereinigung.

BEISPIEL

Pfusch beim Zahnersatz

Ihr neuer Zahnersatz passt nicht; trotz mehrerer Nachbesserungsversuche Ihres Zahnmediziners haben Sie heftige Probleme damit. Sprechen Sie in einem solchen Fall mit Ihrer Krankenkasse darüber, ob Sie die Meinung eines anderen Zahnarztes einholen können. Wenn der dann feststellt, dass gepfuscht worden ist, wird die Kasse es Ihnen gestatten, die Reparatur oder Neuanfertigung des Zahnersatzes bei einem anderen Zahnarzt durchführen zu lassen. Sie holt sich das Geld vom ursprünglichen Behandler zurück. Aber: Bei Zahnersatz müssen GKV-Patienten ja einen großen Anteil selbst zahlen. Schicken Sie daher dem Verursacher des Pfuschs eine Rechnung, um dieses Geld zurückzubekommen, und klagen Sie die Rückzahlung auch nötigenfalls ein.

Wenn es zwischen Arzt und Patient zu einer juristischen Auseinandersetzung kommt, ist die Zivilgerichtsbarkeit zuständig. Das heißt: Gerichtskosten werden fällig, und es besteht Anwaltszwang ab der zweiten Instanz (Landgericht). Auf den Verlierer kommen also eine Menge Kosten zu.

So haben die Gerichte in den vergangenen Jahren geurteilt

Die folgenden Beispiele sollen Ihnen ein Gespür dafür vermitteln, wie Gerichte entscheiden könnten, falls Sie selbst einmal klagen wollen. Allerdings gilt auch hier der alte Spruch: „Vor Gericht und auf hoher See sind wir in Gottes Hand.“ Auf die Nennung der Aktenzeichen zu den Urteilen haben wir verzichtet, unter anderem deshalb, weil im Lauf der Jahre höhere Sozialgerichtsinstanzen anders entscheiden können.

Mistelpräparat bei Krebserkrankung

Das Sozialgericht Speyer hat im Jahr 2007 entschieden, dass Krebskranke Mistelpräparate auf Kassenkosten erhalten müssen, wenn sie standardmäßig im Rahmen der „anthroposophischen Medizin" verordnet werden. (Ob jemand an die Wirksamkeit glaubt oder nicht, ist eine andere Frage; Mistelpräparate werden oftmals zusätzlich zur klassischen Behandlung eingesetzt.) Auch weitere Sozialgerichte haben in den Folgejahren geurteilt, dass solche Mittel nicht einfach nach den Regeln der „Schulmedizin" beurteilt werden können.

Rollstuhl

Das BSG hat entschieden, dass eine Kasse verpflichtet sein kann, auch Zubehörteile „zur sicheren Beförderung" zu bezahlen. Keinen Anspruch aber gibt es zum Beispiel auf Sportrollstühle: Das LSG Nordrhein-Westfalen urteilte im November 2008 rechtskräftig, dass persönlich bevorzugte Sportarten nicht unbedingt zu den Grundbedürfnissen gehören.

Sportrollstühle

Im August 2009 hat das BSG ferner entschieden: Eine GKV darf einem gehbehinderten Menschen einen elektrisch betriebenen Rollstuhl nicht mit der Begründung verweigern, er könne sich „ja von seinen Verwandten schieben lassen". Der Kläger, ein beinamputierter Patient, hatte darauf hingewiesen, dass er wegen zusätzlicher körperlicher Probleme seinen Rollstuhl nicht mit der Kraft seiner Oberarme fortbewegen könne.

2005 hat das Sozialgericht Münster entschieden, dass Pflegeheime nicht verpflichtet sind, Hilfsmittel zu stellen. Deshalb müsse die GKV auch für Pflegeheimbewohner einen Rollstuhl bezahlen.

Treppen

Mit Hilfsmitteln zur Überwindung von Treppenstufen, um religiöse Veranstaltungen besuchen zu können, befasste sich das LSG Hessen. Im Jahr 2009 urteilte es rechtskräftig: Aus dem Grundrecht auf Religionsfreiheit folgt kein Anspruch, auf Kosten der GKV solche Hilfsmittel zu beschaffen. Fahrdienste könnten die notwendige Unterstützung kostengünstiger bewerkstelligen.

„Zu" große oder „zu" kleine Brüste

In beiden Fällen haben Landessozialgerichte entschieden: Beides ist in der Regel keine Krankheit. Der Umfang der weiblichen Brust unterscheide sich schließlich individuell ohnehin sehr. Wenn wegen einer „entstellenden" Brust eine Fettabsaugung vorgenommen werden soll, ist dies derzeit ebenfalls keine Kassenleistung, weil die Technik neu und noch nicht vom Gemeinsamen Bundesausschuss anerkannt ist. Das befand im März 2009 das Sozialgericht Aachen. Ein solches Urteil ist grundsätzlich interessant, weil es viel über die Entscheidungsbefugnis des G-BA aussagt.

Fettabsaugung

Auch das Argument einer Frau, sie habe wegen ihrer großen Brüste Rückenbeschwerden, überzeugte nicht. Dagegen könne die Frau selbst etwas tun, wenn sie abnehme und Rückentraining betreibe. Allerdings entschied das Sozialgericht Gelsenkirchen im August 2008 rechtskräftig, eine Brustverkleinerung sei auf Kassenkosten machbar, wenn zum Beispiel das Muskeltraining nicht helfe.

Eine sehr kleine Brust wiederum könne zwar im Sinne des Sozialrechts in Ausnahmefällen „entstellend" wirken – dafür gebe es aber klare und sehr strenge Regeln. Dass eine Frau seelisch unter ihren kleinen Brüsten leide, reiche für die Bezahlung einer Operation zur Vergrößerung jedenfalls nicht aus.

Noch nicht zugelassene Medikamente

Es kann durchaus vorkommen, dass ein Medikament zum Beispiel bereits in den USA, in Deutschland aber noch nicht zugelassen ist. Zumindest dann, wenn die Zulassung bei deutschen Behörden bereits beantragt ist, haben Sozialgerichte häufiger entschieden, dass die GKV solche Mittel bezahlen muss, falls Patienten mit einer lebensbedrohlichen Krankheit sie einnehmen sollen.

2005 entschied das LSG Hessen: Auch bei einem befristeten Therapieversuch muss die Kasse ein Medikament bezahlen, das in den USA vertrieben und verschrieben werden darf, bei uns jedoch (noch) nicht. Im konkreten Fall ging es um einen AIDS-Patienten, bei dem die antivirale Behandlung zwar gut wirkte, aber – wie oft – heftige Nebenwirkungen auftraten. Eben diese sollten mit dem amerikanischen Produkt behandelt werden.

Perücken

Schon im Jahr 2002 hat das BSG bejaht, dass bei einer Frau, die seit der Geburt kein natürliches Kopfhaar hat, eine Krankheit vorliegt. Folglich müssten auch entsprechende Maßnahmen beziehungsweise Hilfsmittel bezahlt werden.

Chemotherapie

Auch Frauen, denen wegen einer Chemotherapie die Haare ausfallen, haben Anspruch auf eine Perücke. Vor Sozialgerichten gibt es lediglich Auseinandersetzungen über die Qualität und die zu zahlenden Kosten des Haarersatzes.

Ein Mann klagte 2004 vor dem Dresdner Sozialgericht wegen Verstoßes gegen das grundgesetzliche Gleichheitsrecht: Ihm hatte die Kasse eine Perücke verweigert. Das sei gerechtfertigt, sagten die Richter, weil eine Glatze für Frauen entstellend sei, für Männer aber nicht.

Lichtsignalanlage bei Schwerhörigkeit

Die Erstattungspflicht für eine Lichtsignalanlage, die hochgradig schwerhörigen Menschen als Ersatz für eine Türklingel dient, hat das LSG Niedersachsen 2008 und 2009 in zwei Entscheidungen bejaht. Ob das auch vor dem BSG Bestand hat, bleibt abzuwarten. Ein Bildtelefon jedoch, so entschied das LSG Hessen, muss die Kasse für einen gehörlosen Versicherten nicht bezahlen. Die Kosten für „normale“ Schwerhörigen-Telefone müsse die Kasse aber übernehmen, sagten 2005 Dresdner Sozialrichter.

Bildtelefon

Wenn sich ein Versicherter auf ein bestimmtes Hörgerät festlegt, bevor er die Kostenübernahme bei seiner GKV beantragt, muss diese die Kosten nicht erstatten, erklärte das Sozialgericht Augsburg im Mai 2009.

Einoperierte Kontaktlinsen

Ist die Sehfähigkeit eines Menschen sehr stark beeinträchtigt, müssen Kassen fest einoperierte Kontaktlinsen dann bezahlen, wenn andere und preiswertere Methoden nicht verfügbar sind. Das entschied das LSG Niedersachsen-Bremen im April 2008.

Das Bundesverfassungsgericht hat übrigens 2005 festgestellt: Eine Erblindung begründet nicht den Anspruch, auch mit Methoden behandelt zu werden, die „nicht allgemein anerkannt" sind und nur eine gewisse Aussicht auf Verlangsamung des Krankheitsverlaufs oder gar Heilung versprechen. Grund: Zwar sei die körperliche Unversehrtheit bedroht, nicht aber „das Rechtsgut Leben betroffen".

Dem folgend urteilte das LSG Mecklenburg-Vorpommern über eine Augenbehandlung in Kuba im August 2007: Das kommt nur in Betracht, wenn zum einen keine gleichwertige Behandlung in Deutschland oder der EU verfügbar ist, zum anderen „außer Zweifel steht", dass es sich um eine „sinnvolle und notwendige Maßnahme" handelt, und wenn die Methode „dem allgemeinen Stand der medizinischen Erkenntnisse entspricht". Allgemein werden Behandlungen im (vor allem außereuropäischen) Ausland auf Kosten der GKV sehr streng beurteilt, weil Gerichte dem „Gesundheitstourismus" vorbeugen wollen.

Strenge Beurteilung

Off-Label-Use von Medikamenten

Am 6. Dezember 2005 hat das Bundesverfassungsgericht zum Off-Label-Use von Medikamenten Folgendes gesagt: Die Verwendung von Arzneien außerhalb der zugelassenen Anwendungsgebiete ist zulässig bei schwerwiegenden, gar voraussichtlich tödlich verlaufenden Krankheiten, wenn für die Behandlung keine wirksame „erlaubte" Therapie zur Verfügung steht. Wegen des Datums, an dem diese Entscheidung fiel, ist sie unter Sozialrechtsexperten als „Nikolaus-Urteil" berühmt geworden.

Das Sozialgericht Düsseldorf zum Beispiel hat 2008 im Fall eines MS-Patienten mit schwerem Krankheitsverlauf geurteilt, dass dies auch gilt, wenn die Lebensqualität nachhaltig beeinflusst wird. Ein weiterer Fall von Off-Label-Use wurde vom LSG Nordrhein-Westfalen 2005 so entschieden: Der Patient litt an einem „Restless-Legs-Syndrom" (RLS), einer Krankheit, bei der Menschen insbesondere nachts nicht zur Ruhe kommen, weil ihre Beine ständig und unwillkürlich zittern. Es gibt Medikamente, die helfen können, die aber nur zur Behandlung der Parkinson-Krankheit zugelassen sind. Die Kasse meinte, die Wirksamkeit dieser Mittel gegen das RLS sei nicht ausreichend bewiesen. Dem widersprach das Gericht und entschied, die GKV müsse bezahlen.

„Restless-Legs-Syndrom"

Altersbedingtes Nachlassen der Kräfte

Das Nachlassen der Kräfte im Alter ist keine Krankheit. Laut einem Urteil des BSG aus dem Jahr 1999 kann es davon aber dann Ausnahmen geben, wenn die Funktionseinschränkungen ungewöhnlich groß sind. Als Beispiel seien hier Bandscheibenschäden genannt. Genereller sagt das BSG sogar, der medizinische Fortschritt führe dazu, dass es mehr Behandlungsmöglichkeiten auch für ältere Menschen gäbe. Deswegen verschiebe sich immer wieder die Grenze zwischen dem, was als altersbedingte „Norm" anzusehen ist, und dem, was tatsächlich als „Krankheit" zählt.

Übergewicht

Übergewicht ist laut einer Entscheidung des BSG aus dem Jahr 2003 dann als Krankheit anzusehen, wenn schon Folgeerkrankungen eingetreten sind oder das Risiko für Herz-Kreislauf-Krankheiten, Diabetes oder Krankheiten des Bewegungsapparats erkennbar sehr groß ist. In solchen Fällen muss die Krankenkasse auch eine Behandlung oder einen Kurs (teilweise) bezahlen, wenn dieser die Gewichtsabnahme unterstützen soll.

Folgeerkrankungen

Waage für Behinderte

Das LSG Rheinland-Pfalz hat in einem Fall aus dem Jahr 2004 gesagt: Auch Behinderte bekommen keine Waage auf Krankenkassenkosten.

Rezeptfreie Medikamente

Laut BSG-Urteil von 2004 müssen auch chronisch Kranke rezeptfreie Medikamente selbst bezahlen. Das höchste Gericht bestätigte damit die gesetzliche Regelung; eine weitere gerichtliche Auseinandersetzung dazu ist folglich wohl zwecklos. **Bestätigung**

Lichttherapie bei Neurodermitis

Ein Neurodermitis-Patient wollte eine bestimmte Art von Lichttherapie bezahlt haben. Das LSG Baden-Württemberg sagte 2009 nein, weil diese Hautkrankheit zwar eine Belastung darstelle, aber nicht absehbar zum Verlust wichtiger Körperfunktionen oder gar zum Tod führe.

Fußpflege bei Kinderlähmung

Das LSG Rheinland-Pfalz erklärte zu einem Fall aus dem Jahr 2004: Fußpflege muss die Kasse auch dann nicht bezahlen, wenn der Versicherte an Kinderlähmung leidet. Konkret hatte der Kläger vorgetragen, er könne seine Zehennägel nicht selbst schneiden. Deshalb bestehe die Gefahr, dass sie einwüchsen (was sehr schmerzhaft ist). Die Richter hielten diese Begründung für nicht ausreichend, auch wenn in anderen, begrenzten Fällen medizinische Fußpflege eine Kassenleistung sein kann.

Medikamente gegen ADHS

Medikamente (bekannt zum Beispiel unter dem Namen „Ritalin") gegen das „Aufmerksamkeitsdefizit-Syndrom" (ADHS) sind nur für die Behandlung von Kindern ab sechs Jahren und Jugendlichen zugelassen. Sowohl das BSG im Jahr 2008 als auch das LSG Berlin-Brandenburg 2009 haben verneint, dass diese Mittel auch Erwachsenen mit ADHS auf Kassenkosten verordnet werden können. Die Tatsache, dass Erwachsene solche Medikamente oft zur Leistungssteigerung missbrauchen, mag da vielleicht auch eine Rolle gespielt haben.

„Häusliche" Krankenpflege am Arbeitsplatz

Das LSG Hessen hat 2006 entschieden, dass häusliche Hilfe auch dann von der Kasse gezahlt werden muss, wenn sie nicht zu Hause in Anspruch genommen wird. Der Kläger arbeitete in einer Werkstatt für behinderte Menschen.

Bioresonanzverfahren bei Multipler Sklerose

Ein Patient mit Multipler Sklerose verlangte, dass seine Kasse die Kosten für ein bestimmtes Bioresonanzverfahren übernehmen solle. 2009 lehnte das LSG Baden-Württemberg dies ab, weil es sich bei der in diesem speziellen Fall vorliegenden, konkreten MS-Ausprägung nicht um eine lebensbedrohliche Erkrankung handelte.

Verlust der Empfängnisfähigkeit

Chemotherapie

Eine Krebspatientin, die sich einer Chemotherapie unterziehen musste, befürchtete, danach ihre Empfängnisfähigkeit zu verlieren. Sie verlangte, dass ihre Eizellen auf Kassenkosten eingefroren werden dürften. Dies hat das LSG Berlin-Brandenburg 2009 abgewiesen.

Kieser-Training bei Rückenproblemen

Ein Patient mit Rückenproblemen verlangte die Übernahme der Kosten für sein Kieser-Training durch die gesetzliche Kasse. Das LSG Bayern sagte 2009 dazu: Zwar darf eine gesetzliche Krankenkasse in ihrer Satzung regeln, dass sie mehr als die ohnehin erlaubten Präventionsleistungen bezahlt. Diese müssten aber bestimmte Voraussetzungen erfüllen, das Kieser-Training gehöre nicht dazu.

Cremes zur Hautpflege

Eine von mehreren Entscheidungen, die alle in die gleiche Richtung gehen, hat Anfang 2009 das LSG Bayern getroffen: Nichtverschreibungspflichtige Ölbäder oder Cremes zur Hautpflege darf die GKV nicht übernehmen. Zulässig seien nur die in den Arzneimittelrichtlinien genannten Ausnahmen.

Empfängnis- oder Zeugungsunfähigkeit

Künstliche Befruchtung

Die Erstattung der Kosten für künstliche Befruchtungen ist beschränkt (Zahl der Behandlungen, Höhe des eigenen Kostenanteils, Lebensalter der unfruchtbaren Patienten), dies hat das Bundesverfassungsgericht im Jahr 2009, wie zuvor schon andere Sozialgerichte, als zulässig befunden. Das LSG Bayern hat im Januar 2009 ferner gesagt: Wenn der Mann gesetzlich, die Frau aber privat versichert ist, muss die GKV nur die Untersuchungs- und Behandlungskosten übernehmen, die für ihren Versicherten anfallen.

Verlängerter Krankenhausaufenthalt

Ein seelisch Kranker wurde längere Zeit stationär in einer Spezialklinik behandelt. Danach befand seine Krankenkasse, er könne nun ambulant weiterversorgt werden. Die Krankenhausärzte waren anderer Meinung und behielten den Patienten da. Daraufhin verweigerte die Kasse die Zahlungen. Nach langen Auseinandersetzungen erklärte das BSG 2007: Die Kasse hat recht, eine Klinik darf den Aufenthalt eines Patienten nicht eigenmächtig verlängern.

Behandlung durch Privatarzt oder -klinik

Notlage?

Ein Patient erklärte, es habe sich um eine Notlage gehandelt, aus der heraus er sich von einem Privatarzt operieren ließ. Abgesehen davon, dass das nicht glaubwürdig erschien, weil dessen Kostenvoranschlag schon seit zwei Monaten vorlag: Falls wirklich einmal kein Vertragskrankenhaus oder Vertragsarzt zu finden ist, um rechtzeitig eine medizinische Maßnahme durchzuführen, kann ein Privatarzt zwar in Anspruch genommen werden. Doch immer liegt das Kostenrisiko beim Patienten, sagte das LSG Bayern im Juni 2008. Wenn irgend möglich, sollte also die Genehmigung der GKV vorher eingeholt werden.

Patient trägt das Kostenrisiko

Ein weiteres Urteil zu diesem Themenkomplex des Sozialgerichts Aachen vom Anfang 2009 ist rechtskräftig geworden: Wer sich in einer Privatklinik „außerhalb des vorgeschriebenen Beschaffungsweges“ (also ohne seine GKV vorher zu fragen) behandeln lässt, bekommt die Kosten nicht erstattet.

KAPITEL 7

Individuelle Gesundheitsleistungen – wenn Ihr Arzt Zusätzliches privat abrechnen will

Ob Sie diese Art IGeL als nützlich empfinden oder als etwas, das nur Ihre Euros und Cents frisst, müssen Sie am Schluss dieses Kapitels selbst entscheiden: Es geht um die Individuellen Gesundheitsleistungen. Wir wägen das Für und Wider erst einmal grundsätzlich ab. Anschließend stellen wir einige medizinische Angebote im Einzelnen vor, die nicht auf Kosten der gesetzlichen Krankenkassen zu haben sind, sondern nur gegen Bares.

Die Geburt des IGeLs

Abgrenzungskriterien

Wie erwähnt schreibt das Gesetz vor, dass die Behandlung von Patienten „ausreichend, zweckmäßig und wirtschaftlich" zu sein hat und „das Maß des Notwendigen" nicht überschreiten darf. Eines der Abgrenzungskriterien ist, ob „nur" eine „Befindlichkeitsstörung" oder eine „Krankheit" vorliegt. Abhängig davon werden manche Leistungen nicht (mehr) von der gesetzlichen Krankenversicherung bezahlt. In Einzelfällen ist das für Betroffene beklagenswert. Andererseits würden die meisten nicht begeistert sein, wenn die Krankenkassenbeiträge noch weiter steigen würden. In der Auseinandersetzung darüber, welche Diagnostik oder Therapie dem Gebot der Zweckmäßigkeit und Wirtschaftlichkeit entspricht, gibt es zum Beispiel Forderungen von Menschen mit bestimmten Krankheiten, die – mindestens – verständlich sind. Es gibt allerdings auch „Selbsthilfegruppen", die von der pharmazeutischen Industrie finanziert werden. Sie sollen sich dafür einsetzen, dass bestimmte Medikamente von der GKV bezahlt werden. Ohnehin sind die Lobbys im Gesundheitswesen besonders aktiv. Die Ärzteschaft gehört dazu.

1997 kam die Idee der Individuellen Gesundheitsleistungen auf. Berufsverbände und die Kassenärztliche Bundesvereinigung definierten Leistungen, die sie als sinnvoll bezeichneten, obwohl diese nicht von den gesetzlichen Krankenkassen bezahlt werden dürfen. Der Hintergrund: die – berechtigten oder unberechtigten – Klagen der niedergelassenen Ärzte, sie verdienten zu wenig Geld. Eines ist aber klar: Wenn Ihr Arzt Ihnen etwas mit der Begründung privat berechnen will, dass „sein Budget bereits ausgeschöpft" sei, dann ist das zumindest unethisch.

Das ausgewachsene Stacheltier

Zum zehnjährigen Jubiläum der IGeL-Idee überschrieb das Nachrichtenmagazin „Stern" im Jahr 2007 einen Artikel mit dem Titel „Wenn die Arztpraxis zum Basar wird". Viele Kritiker – darunter manche Ärzte – sahen und sehen die Entwicklung in diesem Bereich mit Sorge. Sie monieren, dass privat zu zahlende Leistungen in manchen Arztpraxen aggressiv beworben werden und es neben einigen sinnvollen Angeboten viele unsinnige und sogar einige gefährliche gibt.

Angst und falsche Sicherheit

IGeL-Mediziner würden die Angst der Menschen schüren oder ihre Patienten in falscher Sicherheit wiegen, nachdem irgendein Test gemacht wurde. Ferner würden nicht selten Leistungen privat abgerechnet, die bei korrekter Auslegung des SGB V durchaus von der gesetzlichen Krankenkasse bezahlt würden – aber eben mit niedrigeren Honoraren.

Bei vielen Ärzten macht die IGeLei inzwischen zweistellige Prozentsätze von den Praxiseinnahmen aus. Der Gesamtumsatz in Deutschland mit Privatleistungen für GKV-Patienten liegt bereits bei einer Milliarde Euro, wenn nicht darüber. Zu den Spitzenfachärzten bei IGeL gehören Frauen- und Augenärzte sowie Urologen, Orthopäden und Hautärzte. Das Institut für Sozialmedizin an der Universität Lübeck hat ermittelt, dass bereits über 40 Prozent der Patienten Privatangebote erhielten.

Von A bis Z: ärztliche Fürsorge oder Abzocke?

Es gibt durchaus IGeL-Angebote, die auch Sachkenner als sinnvoll oder wenigstens akzeptabel bezeichnen. Sie begründen dies damit, dass das Wirtschaftlichkeitsgebot von Gesetzgeber, G-BA und gesetzlichen Krankenversicherern einschließlich ihres Medizinischen Dienstes in Zeiten leerer Kassen womöglich hier und da zu streng ausgelegt würde. Außerdem lässt sich über den wissenschaftlich nachgewiesenen Nutzen einer Untersuchung und Behandlung manchmal trefflich streiten, es braucht also eine gewisse Zeit, bis endgültige Ergebnisse vorliegen. Und es dauert eine Weile, bis G-BA und IQWiG ihre Bewertung von neuen medizinischen Methoden abgeschlossen haben und geklärt ist, ob die GKV die Kosten übernehmen muss oder nicht.

Streit über Nutzen

Manche IGeL-Angebote hingegen werden von unabhängigen Experten als zweifelhaft, schlicht unsinnig oder sogar gesundheitsschädlich bezeichnet. Und einige dürften in Hinblick auf ihre Wirksamkeit irgendwo zwischen den beiden Extremen liegen. Sie können sich zum Beispiel von der örtlichen Verbraucherzentrale oder bei unabhängigen Patientenorganisationen (siehe Adressenliste im Anhang) beraten lassen und bei Ihrer Krankenkasse nachfragen, ob sie die Kosten für eine bestimmte Leistung wirklich nicht übernimmt. Insbesondere die AOK bietet auf ihrer Homepage eine kritische Bewertung einzelner Angebote: www.aok.de/bund/rd/152725.htm.

Medizinisch-wissenschaftliche Fachgesellschaften betrachten einzelne IGeL übrigens oft skeptischer als ärztliche Berufsverbände, bei denen ja Standesinteressen im Vordergrund stehen. Auch Ärztekammern werten manchmal zurückhaltender als Kassenärztliche Vereinigungen. Wenn Sie sich zum Beispiel über ein allzu forsches Vorgehen eines Arztes beschweren wollen, der IGeL-Leistungen „verkaufen“ will, wenden Sie sich am besten an die zuständige Ärztekammer. Es folgen nun einige IGeL-Beispiele von A bis Z.

Zu forsches Vorgehen

Akupunktur

Diese Leistung wird mittlerweile in einigen Fällen von der GKV bezahlt. Bevor Sie die Kosten hierfür privat berappen, erkundigen Sie sich erst einmal.

Allergietest

Ein solcher Test kann sehr nützlich sein, aber warum sollte er auf Privatkosten erfolgen? In den meisten Fällen bezahlt die gesetzliche Krankenkasse, jedenfalls wenn ein Verdacht vorliegt. Und das sollte ja immer der Fall sein, bevor eine Diagnostik gemacht wird (siehe auch Nahrungsmittelunverträglichkeit). Fazit: Hier reichen die Leistungen der GKV aus.

Allgemeiner Gesundheits-Check

Oft wird er als Komplettpaket mit dem Gebrauch vieler medizinischer Geräte und umfangreichen Laboruntersuchungen angeboten. Wertung: hohe Kosten, der Nutzen ist nur teilweise klar. Wenn es ausreichende medizinische Gründe gibt, zahlt die GKV eine Reihe von einzelnen Vorsorgeuntersuchungen. Fazit: Überlegen Sie, ob Sie sich eine solch umfangreiche Untersuchung leisten können und wollen.

Augeninnendruckmessung

Früherkennung

Hierbei handelt es sich um einen der Verkaufsschlager unter den IGeL. Unbestritten ist, dass dieser Test zur Früherkennung eines „grünen Stars" (Glaukom) sinnvoll sein kann. Als reine Vorsorgeuntersuchung gehört er derzeit dennoch nicht zum GKV-Leistungskatalog. Daher mag an der Argumentation der Augenärzte, warum sie diese Untersuchung anbieten, etwas dran sein: Einerseits wollen sie ihrer Sorgfaltspflicht nachkommen, andererseits wird die Glaukom-Früherkennung oft nicht von der Krankenkasse bezahlt. Aber wie bei vielen Vorsorgemaßnahmen kann die GKV die Kosten unter Umständen doch übernehmen: bei Verdachtsmomenten, nach Augenoperationen oder wenn Grunderkrankungen vorliegen, die das Risiko erhöhen, am grünen Star zu erkranken. Wir meinen: Ab einem gewissen Alter ist dieser Test eingeschränkt empfehlenswert.

Berufseignungstest

Leider ist er auch keine Leistung der GKV. Dabei gibt es Grunderkrankungen, etwa Allergien, die schlecht zu bestimmten Berufen passen. Wenn Sie überlegen, eine Ausbildung zum Bäcker oder zur Friseurin zu machen: empfehlenswert.

Darmkrebsvorsorge

Die oft beworbene Früherkennung mithilfe einer Darmspiegelung gehört zu den Kassenleistungen. Das gilt auch für den Teststreifen zur Untersuchung auf Blut im Stuhl, der aber unzuverlässig ist und bestenfalls als erster Hinweis dienen kann. Für einen weiteren Test, den umstrittenen „immunologischen Darmkrebstest“, müssen Sie hingegen selbst zahlen. Auch die „virtuelle Darmspiegelung“ erscheint zurzeit noch nicht sinnvoll. Die Vorbereitung (intensives Abführen) bleibt Ihnen auch hier nicht erspart. Und wenn der Arzt bei der Untersuchung etwas entdeckt, müssen Sie doch noch die „klassische“ Prozedur – Spiegelung und gegebenenfalls Entnahme von Gewebe – über sich ergehen lassen. Unser Rat, jedenfalls ab einem gewissen Alter: Nehmen Sie lieber das Angebot der GKV wahr.

Teststreifen

Eigenbluttherapie

Gemeint ist nicht die Entnahme und Aufbewahrung Ihres Blutes vor einer geplanten Operation, sondern die Behauptung, es stärke Immunsystem und Kondition, wenn Sie sich Blut abzapfen und dann wieder zuführen lassen. Uns erinnert das übrigens stark an Eigenurinkuren. Mit der Eigenblutbehandlung könnten Sie vielleicht bei der Tour de France mitradeln, allerdings als Dopingfall. Unser Rat: Finger weg!

Ernährungsberatung, Raucherentwöhnung, Stressbewältigung

Diese und andere Gesundheitskurse können sehr hilfreich sein. Aber Achtung: Erkundigen Sie sich immer erst bei Ihrer Krankenkasse, ob sie solche Kurse im Rahmen ihrer Vorsorgeleistungen kostenlos anbietet oder finanziell unterstützt. Es gibt Anzeichen dafür, dass der G-BA in absehbarer Zeit Raucherentwöhnungsprogramme unter bestimmten Voraussetzungen als GKV-Leistung genehmigen wird. Unser Fazit: im Prinzip sinnvoll.

Hormonspiegelmessung

Verringerte Mengen

Die Diskussion über Hormongaben für Frauen in und nach den Wechseljahren müssen wir beiseitelassen. Männern kann übrigens – in Grenzen – die Gabe von Testosteron ebenfalls nützen. Das gilt aber nur, wenn die natürliche Menge im Blut deutlich erniedrigt ist. Es ist ganz normal, dass die natürlichen Hormonmengen mit steigendem Alter geringer werden. Und grundsätzlich ist es zwar richtig, dass Ärzte nur dann Hormone zuführen sollten, wenn ein Hormonmangel auch tatsächlich nachgewiesen ist. Ob aber eine privat zu zahlende Hormonspiegelmessung bei Frauen zu neuen Erkenntnissen führt? Beschwerden in den Wechseljahren sind sowieso feststellbar. Und vor allem danach richtet sich, ob sich eine Frau nach ärztlicher Beratung für eine Hormonersatztherapie entscheidet. Unser Fazit: zweifelhaft.

Knochendichtemessung

Osteoporose

Knochenschwund bei Frauen nach den Wechseljahren (Osteoporose) ist ein echtes Problem. Der Wert von Knochendichtemessungen aber ist sehr umstritten. Außerdem können bestimmte Medikamente, die gegen Osteoporose eingesetzt werden (Bisphosphonate), erhebliche Nebenwirkungen mit sich bringen. Einige Fachleute sagen, sie sollten nicht zur Vorbeugung eingesetzt werden. Wenn Sie schon einmal im entsprechenden Alter eine Fraktur (Knochenbruch) hatten, kann die GKV die Untersuchung bezahlen. Unser Fazit: als IGeL sehr zweifelhaft.

Kosmetisch-medizinische Leistungen

Es gibt Fälle, in denen zum Beispiel plastische Operationen von der GKV bezahlt werden (siehe Seite 58). Ein Facelifting oder das Entfernen von Tätowierungen gehört nicht dazu. Warum sollten solche Behandlungen auch auf Kosten der Versichertengemeinschaft gehen? Fazit: Die Entscheidung liegt ganz allein bei Ihnen.

Lebensprognose 1

„Präventionsdiagnostik"

Einige Gynäkologen bieten teure „Präventionsdiagnostik" für Ihr Baby mithilfe von DNA-Tests an. Kind und Eltern erfahren so angeblich, welche Krankheiten im Lauf des Lebens sicher beziehungsweise wahrscheinlich auftreten werden. Abgesehen von der Zuverlässigkeit der Vorhersage lautet unsere Frage: Wer will das wissen?

Lebensprognose 2

Auch für Erwachsene werden diverse Tests angeboten. Einer davon soll aussagen, ob Sie in den nächsten zehn Jahren mit einer überdurchschnittlichen Wahrscheinlichkeit einen Herzinfarkt bekommen. Die Zuverlässigkeit wird von Experten angezweifelt. Das heißt, Sie leben künftig entweder ohne Grund in ständiger Angst, oder aber Sie wiegen sich, ebenso fälschlicherweise, in Sicherheit. Wir raten ab.

Lichttherapie

Wenn sie Wirkung zeigt, dann besonders gegen eine „Winterdepression". Es gibt wissenschaftliche Hinweise darauf, dass der Botenstoffwechsel im Gehirn durch zu wenig Licht in der trüben Jahreszeit negativ beeinflusst wird. Dies führt bei manchen Menschen zu saisonal bedingten depressionsähnlichen Zuständen. Dagegen soll starkes, weißes Licht aus speziellen Geräten helfen (in die Schreibtischlampe zu schauen nutzt nichts). Die entsprechende Behandlung ist eine (nicht übermäßig teure) IGeL-Leistung. Aus Sicherheitsgründen sollten die Sitzungen immer bei einem Arzt stattfinden, der mit dieser Therapie Erfahrung hat. Unser Rat: gegebenenfalls ausprobieren.

Magnetfeldtherapie

Arthrose

Diese Behandlung wird häufig von Orthopäden angeboten, zum Beispiel bei Arthrose. Manche verweisen auf wissenschaftliche Studien, die eine Wirkung angeblich belegen, andere wiederum sind der Meinung, dass ein positiver Effekt, wenn es ihn überhaupt gibt, auf Einbildung beruht. Die Kasse zahlt nicht, die Therapie ist nicht billig. Wir sind eher skeptisch, wollen aber keine Empfehlung abgeben.

Nahrungsmittelunverträglichkeit

Sehr viel mehr Menschen führen ihre Beschwerden auf eine Nahrungsmittelallergie zurück, als es laut wissenschaftlichen Studien wirklich der Fall ist. Das nutzen Hersteller von „IgG-Antikörpertests" aus, die Ärzte nur als IGeL-Leistung vornehmen dürfen. Der Körper reagiert jedoch immer auf Fremdeiweiße mit der Bildung von Antikörpern gegen das Immunglobulin G – der Test zeigt somit lediglich an, dass Sie irgendetwas gegessen haben. Aus dem Befund werden dann auch noch Diätvorschriften abgeleitet, die zu Fehl- oder Mangelernährung führen können. Der IgG-Antikörpertest ist somit nicht nur teuer, er kann darüber hinaus gefährliche Folgen haben. Ebenso wie allergologische Fachgesellschaften raten wir dringend davon ab.

Diätvorschriften

Ozonbehandlung

Die Sauerstofftherapie wird von der GKV nicht bezahlt. Grund: Die Wirksamkeit wird als recht zweifelhaft bewertet. Unser Fazit: sehr umstritten.

PSA-Test auf Prostata-Krebs

Diesen Labortest legen Urologen ihren Patienten besonders oft nahe. Seine Aussagefähigkeit ist aber begrenzt, es gibt oft falschen Alarm. Im höheren Alter haben sehr viele Männer ohnehin einen erhöhten PSA-Wert und sogar eine Geschwulst an der Vorsteherdrüse, die sie aber bis zum Lebensende nicht sonderlich beeinträchtigt. Ist der PSA-Test positiv (erhöhter Wert), muss eine Biopsie vorgenommen und die Probe untersucht werden. Oft genug werden unnötige Operationen durchgeführt, die mit den bekannten Risiken verbunden sind, zum Beispiel Impotenz. Im Oktober 2009 veröffentlichte die urologische Fachgesellschaft eine Leitlinie, wonach der Test nun auch schon bei Männern ab 40 angeboten werden könne. In Fachkommentaren dazu wird aber betont, dass der PSA-Test auf längere Zeit weiterhin keine GKV-Leistung sein wird, weil die Bedenken bestehen bleiben. Fazit: sehr umstritten.

Biopsie

Reiseprophylaxe

Die GKV zahlt Impfungen oder Malariamittel nur, wenn die oder der Betreffende sich nicht auf eine Vergnügungsreise begibt. Sie können diese Vorsorge jedoch auf eigene Kosten machen lassen. Wenn Sie also nach Afrika oder Asien in den Urlaub fahren und dort tropische Krankheiten oft vorkommen, sollten Sie sich von einem sachkundigen Arzt oder in einem tropenmedizinischen Institut beraten lassen. Fazit: Diese Vorsorge ist unbedingt anzuraten.

Sportmedizinische Untersuchung

Die GKV übernimmt die Kosten für eine Untersuchung nicht, wenn Sie mit anstrengendem Freizeitsport oder gar Leistungssport anfangen möchten, vorsichtshalber aber prüfen lassen wollen, ob zum Beispiel Ihr Herz mitmacht. Dennoch sind solche Untersuchungen in jedem Fall angeraten. Ähnliches gilt für Tauch- oder Flugtauglichkeitsprüfungen. Die hierfür notwendigen Atteste müssen Sie ebenfalls selbst bezahlen. Fazit: bei Bedarf sehr sinnvoll.

Ultraschall beim Frauenarzt

„Sono-graphie"

Diese Untersuchung wird besonders häufig als eine IGeL-Leistung angeboten. Gynäkologen begründen dies damit, dass sich zum Beispiel eine Geschwulst am Eierstock erst spät tasten lasse. Sie könne dann schon zu groß sein, und es könnten sich bereits gefährliche Absiedlungen (Metastasen) gebildet haben. Eine Ultraschalluntersuchung (auch „Sonographie" genannt) werde aber nicht von der GKV bezahlt. Das ist nur zum Teil richtig. Wenn es Verdachtsmomente gibt, etwa Zysten oder sehr unregelmäßige Blutungen, bezahlt die Kasse sehr wohl eine vorsorgliche Sonographie. Eine Untersuchung auf Privatkosten ist dann sogar unzulässig. Leider muss man sagen, dass es niedergelassene Frauenärzte gibt, die hier unredlich argumentieren. Zudem gibt es Zweifel an der Zuverlässigkeit dieser Untersuchung. Fazit: teils, teils.

Vitaminkuren

Sie kosten Geld, ihre Wirksamkeit ist sehr umstritten. Unser Fazit: Wenn Sie daran glauben mögen …

Vorsorgeuntersuchungen allgemein

Unterschiedliche Auffassungen

Korrekter ausgedrückt: Es geht um die Früherkennung von Krankheiten, auch von Krebs. Solche Untersuchungen werden in sehr vielen Fällen von der GKV bezahlt. Das gilt erst recht, wenn der Arzt Verdachtsmomente findet. Liegt eine gute medizinische Begründung von Ihrem Vertragsarzt vor, genehmigt die GKV oft auch zusätzliche Untersuchungen. Eine Schwierigkeit, hier den Überblick zu bewahren, besteht darin, dass immer wieder unterschiedliche Auffassungen darüber vertreten werden, welche Diagnostik sinnvoll ist und was nichts bringt. Im Lauf der Jahre war so manche Vorsorgeuntersuchung im Leistungskatalog der gesetzlichen Kassen enthalten, wurde herausgenommen, später wieder aufgenommen. Nicht alle Ärzte sagen ehrlich, wann die Kassen zahlen, weil sie lieber höhere IGeL-Preise verlangen. Unser dringender Rat: Fragen Sie erst bei Ihrer Krankenkasse nach.

Was gilt, wenn Sie IGeL in Anspruch nehmen?

Es handelt sich bei IGeL um ein „Wachstumspotential im Gesundheitsmarkt, das es – auch mit kommunikativen Waffen – zu erschließen gilt", so steht es in einem Ratgeber für Ärzte. Daher gibt es mittlerweile Kongresse und Spezialzeitschriften für Ärzte dazu, wie die Ausbeute verbessert werden kann, zudem werden Verkaufsschulungen für Praxisteams angeboten. Und auch der Begriff „Basar" ist nicht aus der Luft gegriffen: In vielen Arztpraxen werden Plakate ausgehängt und Broschüren gleich bei der Anmeldung verteilt, sogar mit IGeL-TV unterhalten einige Praxen die Wartenden.

Standesordnung der Ärzte

Die Standesordnung der Ärzte verbietet ihnen zwar den Verkauf von Präparaten, nicht aber den von ärztlichen Leistungen. Und es kann kaum verhindert werden, dass jemand gleich neben der Praxis einen „Gesundheitsladen" eröffnet – vielleicht die Arztgattin? Eine halbwegs offizielle Liste, die hier die Spreu vom Weizen trennt, existiert nicht. Deshalb verfängt zum Beispiel die Argumentation mit ärztlicher Autorität umso besser: Manche Patienten trauen sich nicht, Behandlungen abzulehnen, oder wissen es einfach nicht besser. Langfristig (zer)stört dies aber das Vertrauen zwischen dem Patienten und dem „Verkäufer" Arzt.

Der Deutsche Ärztetag hat im Jahr 2006 den Medizinern zehn Regeln für den Umgang mit Individuellen Gesundheitsleistungen „verordnet". Dazu gehört zum Beispiel, dass sachlich darüber informiert werden muss, welchen Nutzen und auch welche Risiken die Behandlungen mit sich bringen können. Den Patienten darf nichts aufgedrängt werden. IGeL- und GKV-Leistungen dürfen nicht gleichzeitig erbracht werden. Eine Praxisgebühr darf bei IGeL-Terminen nicht erhoben werden. Für die Patienten muss es eine angemessene Bedenkzeit geben.

Zu den ebenfalls enthaltenen Vertragsregelungen haben sich sogar Gerichte inzwischen geäußert: Ohne einen schriftlichen

Privatbehandlungsvertrag vor der Maßnahme und eine ordentliche Rechnung danach muss der Patient gar nicht zahlen.

Unabhängige Patientenberatungsstellen und die Verbraucherzentralen sind insgesamt eher sehr skeptisch eingestellt, ohne aber gleich alle IGeL-Angebote abzulehnen. Noch weiter geht ein (selbst-)kritischer Ärzteverband: Er hätte am liebsten ein komplettes Verbot. Wenn nicht das, dann wenigstens die Vorgabe, dass auch IGeL-Leistungen über die Kassenärztlichen Vereinigungen abgerechnet werden müssen, um für ein Mindestmaß an Kontrolle zu sorgen.

TIPP

Nehmen Sie sich Zeit!

Lassen Sie sich niemals drängen, ein IGeL-Angebot sofort anzunehmen. Sagen Sie Ihrem Arzt, dass Sie erst einmal darüber nachdenken wollen. Fragen Sie, wenn möglich, andere Ärzte, was sie davon halten. Und sprechen Sie vor allem mit Ihrer Krankenkasse, ob sie eine vergleichbare Leistung bezahlen würde. Wenn Sie sich dann entscheiden, das Angebot anzunehmen, machen Sie dafür einen Extratermin aus.

KAPITEL 8

Zusatzversicherungen – Darf's ein bisschen mehr sein?

Eine Vorbemerkung: Falls die Politik das gesamte GKV-System umkrempelt (siehe hierzu Kapitel 9), insbesondere wenn die gesetzlichen Krankenversicherungen nur noch eine „Basisversorgung“ gewährleisten sollen, werden Sie nicht umhin kommen, eine Menge weiterer und teurer Versicherungen abzuschließen.

Von A bis Z: Welche Versicherungen sind aktuell sinnvoll?

Von den derzeit möglichen privaten Zusatzversicherungen bewertet die „Stiftung Warentest“ übrigens die meisten als „nicht notwendig“. Entscheiden müssen Sie selbstverständlich selbst. In jedem Fall sollten Sie vorsichtig sein, wenn Ihnen „Pakete“ angeboten werden, die gleich mehrere Leistungsversprechungen enthalten, meist nützliche und überflüssige in Kombination. Um welche Absicherung es auch geht, Preisvergleiche lohnen sich immer. Und: Wenn Sie eine bestimmte Krankheit schon haben, bevor Sie eine Zusatzversicherung abschließen, wird auch eine Privatversicherung das damit verbundene Risiko nicht abdecken. Prüfen Sie vorab auf jeden Fall, ob die GKV nicht doch die gewünschten Behandlungen zahlt.

Entscheiden Sie selbst

Alternativmedizin

Einige gesetzliche Krankenkassen bieten eine höhere Erstattung bei Alternativmethoden an als die anderen. Sie können diese Kosten aber auch durch eine private Zusatzversicherung abdecken, wenn Sie zum Beispiel auf anthroposophische Medizin oder Homöopathie schwören.

Auslandsreisekrankenversicherung

Wie schon in Kapitel 3 ausführlich beschrieben: Diese Versicherung ist dringend anzuraten, es sei denn, Sie fahren allenfalls in den Schwarzwald in Urlaub. Diese Policen sind auch nicht allzu teuer.

Brillen und andere Hilfsmittel

Es ist möglich, sich hier abzusichern, wenn Sie Leistungen zusätzlich zu den Hilfsmitteln wünschen, die von der GKV ohnehin bezahlt werden (siehe Seite 42 und Seite 48f.). Wenn es Ihnen aber nur um eine Sache geht, beispielsweise die Bezahlung von Brillengestellen, dürften die Prämien für eine solche Police höher ausfallen als die Kosten für den Optiker.

Chefarztbehandlung und mehr im Krankenhaus

Direkte Abrechnung

Sie möchten sich wie ein Privatpatient fühlen? Dann kann eine Krankenhaus-Zusatzversicherung für Sie das Richtige sein. Der Vorteil: Sie müssen kein Geld auslegen, Zusatzversicherung und Leistungserbringer rechnen in diesem Fall die (höheren) Kosten unmittelbar miteinander ab. Achten Sie bei einer Krankenhaus-Zusatzversicherung unbedingt darauf, dass diese auch tatsächlich Arzthonorare wie eine PKV bezahlt (bis zum 3,5-fachen Satz).

Ein- und Zweibettzimmer

Diese Leistung ist oft im Paket mit der Chefarztbehandlung zu haben. Viele Menschen finden es angenehm, wenn sie nicht ständig mit anderen Patienten zusammen sein müssen. Und das Essen mag mitunter ebenfalls besser sein. Die meisten Menschen liegen aber nicht ständig im Krankenhaus, während der Beitrag für die Zusatzversicherung Monat für Monat bezahlt werden muss. Erkundigen Sie sich, wie viel weniger durchschnittlich der Aufenthalt im Standardzimmer kostet. Womöglich ist es günstiger, im Falle eines Falles diese Differenz selbst zu bezahlen.

Heilpraktiker

Wenn Sie an die Heilkraft dieser nichtärztlichen Berufsgruppe glauben und ohnehin eine Zusatzversicherung für Alternativmedizin erwägen, können Sie das Geld für eine kombinierte Zusatzversicherung ausgeben. Bedenken Sie aber, dass es auch hier Erstattungsobergrenzen gibt.

Kombinierte Versicherung

IGeL

Bei privaten und gesetzlichen Krankenkassen sind Angebote zu finden, die freiwillige Individuelle Gesundheitsleistungen inklusive nicht von der GKV bezahlte Früherkennungsmaßnahmen umfassen. Angesichts der in Kapitel 7 beschriebenen Zweifel an den meisten IGeL-Leistungen erscheint das aber wenig sinnvoll.

Krankentagegeld

Diese Absicherung kann für Arbeitnehmer sinnvoll sein. Sie ist sowohl bei der GKV als auch bei der PKV möglich. Sie erhalten zwar auch ohne Zusatzversicherung in den ersten sechs Wochen vom Arbeitgeber Entgeltfortzahlung und anschließend von der Kasse Krankengeld, aber danach kann doch eine Einkommenslücke entstehen. Die Differenz können Sie bis zu 100 Prozent absichern. Selbständige müssen zudem überlegen, ob sie den Einnahmeausfall in den ersten sechs Wochen verkraften können.

Einkommenslücke

Privatabrechnung beim Arzt

Theoretisch können Sie als GKV-Versicherter anstelle des Sachleistungsprinzips auch die Kostenerstattung wählen, was aber höchst problematisch ist (siehe Seite 21). Außerdem ist es möglich, eine private Zusatzversicherung abzuschließen, die einen großen Teil der Differenz zwischen den höheren PKV- und den GKV-Honoraren für Ärzte zahlt. Dadurch wird die medizinische Behandlung nicht besser, allenfalls bekommen Sie schneller einen Termin. Ob Sie dafür viel Geld ausgeben wollen, müssen Sie selbst entscheiden.

Zahnersatz

Wie viel der Kosten für Zahnbehandlung und Zahnersatz die GKV erstattet, lesen Sie ab Seite 68 nach. Meist nicht den kompletten Rest, aber doch einen großen Teil davon können Sie per Zusatzversicherung abdecken. Ein Kriterium, ob Sie den monatlichen Beitrag dafür aufbringen möchten, ist vielleicht Ihr genereller Zahngesundheitszustand. Wie hoch die Prämie für Sie ist, erfahren Sie bei den jeweiligen Anbietern. Ansonsten gilt, dass die Leistungen und Tarife bei Zahnzusatzversicherungen sehr unterschiedlich sind. Vergleichen Sie also die Angebote sorgfältig.

Höhe der Prämie

KAPITEL 9

Gesundheitspolitik – Was auf Sie zukommen kann

Als im Oktober 2009 die neue, schwarz-gelbe Bundesregierung ihren Koalitionsvertrag verabschiedete, zeichnete sich Folgendes ab:

- Vor dem Jahr 2011 wird sich kaum etwas ändern. Die Koalition will zunächst eine Kommission einsetzen, die eine möglicherweise radikale Umstrukturierung des Gesundheitswesens vorbereiten soll. Sind diese – sehr umstrittenen – Vorhaben dann formuliert, werden sie komplizierte Gesetzgebungsverfahren durchlaufen müssen, was weitere Monate oder sogar Jahre dauern wird.
- Wenn die Regierung umsetzt, was sie im Koalitionsvertrag angedeutet und öffentlich geäußert hat, kommen auf die GKV-Versicherten erhebliche Neuerungen und weitere finanzielle Belastungen zu.
- Ob der von der FDP abgelehnte Gesundheitsfonds abgeschafft oder nur modifiziert wird, ist noch offen.

Erhebliche Defizite

Die gesetzlichen Krankenkassen müssen für 2010 und auch für 2011 mit erheblichen Defiziten rechnen (die Schätzungen, wie viele Milliarden das sein werden, schwanken). Die Regierung hat als Sofortmaßnahme angekündigt, einen Großteil dieser Lücke aus Steuermitteln zu füllen, weil die Entwicklung krisenbedingt ist. Diese Maßnahme wurde einhellig begrüßt – nicht nur Autoherstellern und Banken solle geholfen werden. Dennoch werden Kassen unter Umständen – einkommensunabhängige – Zusatzbeiträge erheben. Um das zu vermeiden, fordert der GKV-Spitzenverband nicht zum ersten Mal, stattdessen die enormen Ausgabensteigerungen, insbesondere für Krankenhäuser und Medikamente, endlich wirksam zu begrenzen.

Auch über welche Pläne sonst noch nachgedacht wird, lässt sich bereits jetzt skizzieren:

- Die Arbeitgeberbeiträge zur GKV sollen eingefroren werden. Kostensteigerungen, zum Beispiel durch medizinischen Fortschritt und den weiteren Anstieg der durchschnittlichen Lebenserwartung, müssten die Arbeitnehmer dann alleine tragen.
- Noch weiter geht die Überlegung, nach der die gesetzlichen Krankenversicherungen nur noch gesundheitliche Grundleistungen bezahlen sollen. Für alles andere sollen die Bürger Zusatzversicherungen abschließen, für die sie allein – ohne Beteiligung der Arbeitgeber – aufkommen müssten.

„Kopfpauschale"

- Es sollen einkommensunabhängige GKV-Beiträge („Kopfpauschalen", siehe unten) eingeführt werden, allerdings ist auch dazu eine soziale Komponente angekündigt. Gesundheitsminister Philipp Rösler beharrt darauf, räumt aber mittlerweile ein, dass dies nur schrittweise erfolgen könne.
- Der Ausgleich zwischen den gesetzlichen Krankenkassen, wonach solche mit vielen schwerer kranken Menschen mehr Geld bekommen („Morbi-RSA", siehe Seite 14), soll zumindest abgeschwächt werden.
- Der Übertritt von der GKV zur PKV soll erleichtert, die Wartezeit von drei auf ein Jahr verkürzt werden.
- Jeder Bürger soll dazu verpflichtet werden, zusätzlich zur staatlichen Pflegeversicherung eine private abzuschließen – ebenfalls ohne dass sich die Arbeitgeber daran beteiligen.

Vereinbarungen im Koalitionsvertrag und kritische Stimmen

„Das Gesundheitswesen ist ... die Zukunftsbranche ... Wir wollen den Rahmen so setzen, dass sich der Wettbewerb der Ideen im ständigen Bemühen um eine Verbesserung der Qualität der Versorgung entfalten kann."

Auch an weiteren Stellen wird betont, dass es sich beim Gesundheitswesen um einen Markt handele, der auch Arbeitsplätze schaffe. Letzteres trifft zu. Wer jedoch Begriffe wie „Markt" und „Gesundheitswirtschaft" übermäßig betone, vergesse – das merken Kritiker an –, um wen es in erster Linie gehen solle: um kranke Menschen. Diese Art Wettbewerb bedeute: Wer mehr Geld hat, könne sich auch „mehr Gesundheit" leisten. Somit werde das Solidarprinzip abgeschafft. Ohnehin vorhandene ungleiche gesundheitliche Chancen und die Zwei-Klassen-Medizin würden sich weiter ausprägen.

„Prävention ist ein wichtiger Baustein ... Aufklärung soll dazu beitragen, Eigenverantwortlichkeit und Gesundheitsbewusstsein zu stärken."

Verantwortung der Bürger

Vorsorge ist tatsächlich wichtig für die Gesunderhaltung. Hier werde jedoch – so die Bedenken – ausschließlich auf die Verantwortung der Bürger abgehoben, die Frage von gesunder Umwelt und gesunden Arbeitsbedingungen sowie Wohnverhältnissen komme nicht vor.

„Aufgrund des medizinischen und medizintechnischen Fortschritts und des demographischen Wandels müssen Struktur, Organisation und Finanzierung der gesetzlichen Krankenversicherung angepasst werden ..."

Wie diese „Anpassung" aussehen soll, wird nach Aussagen vieler Sozialexperten bei der Entlastung der Arbeitgeber und bei der Idee der „Basisversorgung" durch die GKV deutlich: durch einseitige Belastung der Arbeitnehmer.

„Wir wollen, dass die Krankenversicherungen genügend Spielraum erhalten, ... um regionalen Besonderheiten gerecht zu werden."

Die Berücksichtigung von „regionalen Besonderheiten" war ein Wunsch der CSU. Reichere Bundesländer wie Bayern sollen weniger als bisher in den überregionalen Finanzausgleich für die gesetzlichen Kassen einzahlen. Das dürften dann vor allem Versicherte der GKV in den östlichen Bundesländern bezahlen.

„Die Versicherten sollen auf der Basis des bestehenden Leistungskatalogs soweit wie möglich ihren Krankenversicherungsschutz selbst gestalten können."

Eigene Gestaltung

Der Leistungskatalog der GKV soll offenbar nicht wesentlich geändert werden. Was Sie davon in Anspruch nehmen, sollen Sie aber selbst gestalten – sprich: Auch für GKV-Versicherte kostet künftig mehr Leistung auch mehr Geld. Und wer sich teure Zusatzversicherungen nicht leisten kann, lässt womöglich wichtige Arztbesuche ausfallen.

„Der Morbi-RSA wird auf das notwendige Maß reduziert ..."

Der morbiditätsbezogene Risikostrukturausgleich soll ausgehöhlt werden. Das heißt: Demnächst können Sie etwas Geld sparen, wenn Sie zu einer anderen Kasse wechseln. Da die gesetzlichen Kassen aber doch wieder über Beitragssätze miteinander konkurrieren sollen, wird eine Billigkasse kaum um Sie werben, wenn Sie nicht kerngesund sind. Kassen mit vielen älteren und kränkeren Versicherten werden erneut einen Wettbewerbsnachteil hinnehmen müssen.

„Langfristig wird das bestehende Ausgleichssystem überführt in eine Ordnung mit mehr Beitragsautonomie, regionalen Differenzierungsmöglichkeiten und einkommensunabhängigen Arbeitnehmerbeiträgen, die sozial ausgeglichen werden."

Beiträge für Arbeitnehmer

Die Idee der einkommensunabhängigen Krankenkassenbeiträge gab es schon einmal, vorgetragen von der CDU im Wahlkampf 2004, damals nannte man das „Kopfpauschale". Die Unionsparteien hatten davon wieder Abstand genommen, weil klar wurde, dass die Wähler die Kopfprämie als ungerecht empfanden. Nunmehr hat sich die FDP – jedenfalls vorläufig – durchgesetzt. Gesundheitsökonomen haben bereits ausgerechnet, was die Absichtserklärung im Koalitionsvertrag von 2009 bedeutet: Die Beiträge für Arbeitnehmer werden schätzungsweise zwischen 100 und 150 Euro, eventuell mehr betragen. Wenn die Versicherung weiter nichterwerbstätige mitversicherte Familienangehörige einschließen soll, dürfte die Pauschale sogar bei 200 Euro oder mehr liegen. Wenn Sie viel verdienen und bisher recht hohe GKV-Beiträge zahlen mussten, werden Ihre Aufwendungen für den Krankenschutz sinken. Wenn Sie aber als Geringverdiener bisher nur beispielsweise 50 Euro Arbeitnehmeranteil zu zahlen hatten, verdoppeln sich Ihre Kosten, mindestens.

Kosten für Sozialausgleich

Die einkommensunabhängigen Arbeitnehmerbeiträge sollen aber „sozial ausgeglichen" werden. Warum es dann nicht gleich beim bisherigen Prinzip bleibe, dass mehr einzahlt, wer mehr Geld hat, fragen Experten. Gesundheitsminister Philipp Rösler (FDP) antwortet darauf, das bisherige Gesundheitssystem sei „wenig treffsicher". Deshalb gehöre der Ausgleich zwischen Arm und Reich nicht dorthin, sondern ins Steuersystem. Die Kosten für einen Sozialausgleich aus der Staatskasse würden sich nach Berechnung von Gesundheitsökonomen auf zwischen 20 und 40 Milliarden Euro summieren. Die soeben fusionierte Barmer GEK, inzwischen Deutschlands größte GKV, hat ausgerechnet: Durch die Umstellung auf die Kopfpauschale würden „mehr als 60 Prozent der gesetzlich Versicherten zu Bittstellern".

Immerhin sollen künftig GKV-Beiträge „in Höhe des existenznotwendigen Versorgungsniveaus" steuerlich abgesetzt werden dürfen. Das hatte bereits die große Koalition aufgrund eines Urteils des Bundesverfassungsgerichts beschlossen. Wem wie viel dadurch nach der Steuererklärung mehr im Portemonnaie bleibt, kann dann allenfalls ein Steuerberater berechnen. Insgesamt bringen die Regelungen nach Auffassung von Steuerexperten keine allzu große Entlastung – und die ohnehin nur für jene, die aufgrund ihres Einkommens höhere beziehungsweise überhaupt Steuern zahlen müssen.

> *„Weil wir eine weitgehende Entkoppelung der Gesundheitskosten von den Lohnzusatzkosten wollen, bleibt der Arbeitgeberanteil fest."*

Als „erster Sündenfall" wird bezeichnet, dass die rot-grüne Koalition für Arbeitnehmer einen Sonderbeitrag von 0,9 Prozent einführte. Nun ist sogar geplant, die paritätische Finanzierung mehr oder minder ganz aufzuheben. Zudem werde so der Druck zum Sparen im Gesundheitswesen gemindert.

„Neben der gesetzlichen Krankenversicherung sind für uns die privaten Krankenversicherungen als Voll- und Zusatzversicherung ein konstitutives Element in einem freiheitlichen Gesundheitswesen."

„Klientelpolitik"

Unter anderem dies bezeichnet beispielsweise die Opposition als „Klientelpolitik" und als Förderprogramm für die private Versicherungswirtschaft.

„Die Überregulierung (auf dem Arzneimittelmarkt) wird abgebaut."

Und:

„... werden wir überprüfen, ob weiterhin eine Notwendigkeit für Richtgrößen für ärztliche Verordnungen besteht."

Arzneimittelexperten befürchten, dass der Abbau der angeblichen „Überregulierung" auf Kosten der Sicherheit von Medikamenten gehen wird. Die Sorge beim Thema Abschaffung der Arzneimittel-Richtgrößen: Falls das bedeute, dass Ärzte wieder alles unbesehen verschreiben dürfen, so würden die steigenden Kosten zu Lasten der Versichertengemeinschaft gehen.

„Wir wollen die Transparenz ... erhöhen. Deshalb wollen wir die Möglichkeiten der Kostenerstattung ausweiten."

Vorfinanzierung der Leistungen

Wie riskant das für Patienten ist, wird in diesem Buch beschrieben. Patienten müssten die Leistungen vorfinanzieren, bei aufwändigen Behandlungen fehlt das Geld dann im Portemonnaie. Und die GKV bezahlt immer nur nach ihren Sätzen. Das Kostenerstattungsprinzip bedeutet also ein erhebliches Risiko für die Versicherten.

„In der Form der Umlageversicherung kann die Pflegeversicherung ihre Aufgabe ... auf Dauer nicht erfüllen. Daher brauchen wir ... eine Ergänzung durch Kapitaldeckung ..."

Eine private Pflegeversicherung verpflichtend zusätzlich zur staatlichen: Hier soll das durch die CDU (Norbert Blüm) einst eingeführte Prinzip ebenfalls zu großen Teilen aufgehoben werden, wonach sich auch Arbeitgeber an den Kosten dieses gesellschaftlich wichtigen Sozialversicherungszweigs beteiligen.

Als die schwarz-gelbe Koalitionsvereinbarung bekannt und durch öffentliche Äußerungen beteiligter Politiker deutlich wurde, wie sie ausgestaltet werden soll, war der Streit zwischen den Koalitionspartnern nicht beendet. Insbesondere Vertreter der CSU mahnten Augenmaß an, Bayerns Ministerpräsident Horst Seehofer erklärte im Dezember 2009 „die Kopfpauschale für beerdigt", während die FDP – die das Bundesgesundheitsministerium übernommen hat – darauf beharrte, dass alles genau so umgesetzt wird.

Unterstützung und Lob

Darin wird sie durchaus unterstützt. Es gab und gibt viel Lob und Aufforderungen wurden laut, die Pläne strikt zu realisieren: „Leistungsträger" von der Ärzteschaft bis hin zu den Arbeitgeberverbänden, die Pharmaindustrie, der Verband der Privatversicherungen sowie Zahnärzteverbände begrüßten die Regierungsabsichten zum Teil überschwänglich als „Zeichen der Vernunft".

Ablehnend äußerten sich – neben den Oppositionsparteien im Bundestag – zum Beispiel die Chefs der gesetzlichen Krankenkassen, die dagegen sind, Lasten nur auf die Arbeitnehmer abzuwälzen. Dies sei nicht nur „sozialpolitisch fatal", sondern auch „ökonomisch falsch". Der Bundesverband der Verbraucherzentralen warnte insbesondere vor den Kopfpauschalen, da sie sozial ungerecht seien. Soziale Organisationen – darunter zum Beispiel die evangelische Diakonie – kritisierten ebenfalls die Ausdehnung der privaten Absicherung als „Ausstieg aus der Solidargemeinschaft".

Zusammengefasst lauten die Befürchtungen: Gutverdiener werden von der geplanten Reform profitieren, Menschen, die wenig verdienen, müssen draufzahlen. Das Wahlversprechen „mehr Netto vom Brutto" würde damit ins Gegenteil verkehrt. Gerade jene Menschen, die aufgrund eines geringen Einkommens wenig Steuern bezahlen müssen, hätten nichts von den angekündigten Steuererleichterungen, müssten aber höhere Sozialabgaben aus eigener Tasche bezahlen.

Wenn es um die Gesundheit geht: ungleiche Chancen

Wie schon im Vorwort erwähnt, sind die Chancen auf ein gesundes und langes Leben und auf bestmögliche Behandlung von Krankheiten in der Bevölkerung ungleich verteilt. Dazu gibt es zahlreiche Daten: Gesundheitswissenschaftler sind sich über diese Frage einig, auch die Weltgesundheitsorganisation hat eine gesundheitliche Ungleichheit festgestellt. Eine Studie der Europäischen Union von 2009 hat ergeben, dass sich das soziale Ungleichgewicht in Europa seit den 1970er Jahren noch verschärft hat; Deutschland liegt dabei lediglich im Mittelfeld.

Studie der EU

„Wenn Du arm bist, stirbst Du früher"

Menschen aus den untersten Einkommensschichten sind häufiger krank und ihre durchschnittliche Lebenserwartung ist um bis zu zehn Jahre geringer als in den oberen Einkommensklassen. Dabei geht es – wie immer bei Fragen der sozialen Gerechtigkeit – nicht vorrangig darum, ob jemand mehr Geld hat als ein anderer. Vielmehr geht es um eine gerechte Chancenverteilung. Dazu gehören Bildung und Verwirklichungsmöglichkeiten: Angehörige weniger gebildeter Familien zum Beispiel finden seltener die richtigen Wege im Gesundheitssystem. So gesehen wird die gesundheitliche Chancenungleichheit oft „vererbt". Auch Gesundheitsaufklärung kommt in verschiedenen sozialen Gruppen besser oder schlechter an. Hinzu kommen die Wohn- und die Arbeitsverhältnisse, die unbestreitbar einen erheblichen Einfluss auf die Gesundheit von Menschen haben. Und schließlich: Als ebenso wichtig für die Gesundheit werten Experten die Möglichkeit, aktiv mitwirken und mitbestimmen zu können, wenn es um den eigenen Körper geht – auch hier spielen Bildung und Wissen eine entscheidende Rolle.

Rückenschulen und Ernährungskurse mögen nützlich sein, zur Verringerung der gesundheitlichen Ungleichheit tragen sie wenig bei. Es gibt durchaus lobenswerte einzelne Initiativen gegen die gesundheitliche Chancenungleichheit, und Politiker fast aller Parteien setzen sich gerne dafür ein – in Sonntagsreden. In gerechtere Lebensverhältnisse wird damit noch kein Geld gesteckt.

Einzelne Initiativen

Zum Verständnis: Begriffe aus der Gesundheitsdebatte

In Kürze seien hier drei Begriffe erläutert, die in gesundheitspolitischen Diskussionen immer wieder auftauchen:

Rationalisierung

Dieser Begriff bedeutet nichts anderes als den vernünftigen Versuch, die verfügbaren finanziellen Mittel für Gesunderhaltung und Krankenbehandlung wirtschaftlich einzusetzen, sodass weder Steuerzahler noch Versicherte und Arbeitgeber unendlich viel Geld in das Gesundheitssystem stecken müssen. Nach Ansicht von Gesundheitsökonomen gibt es noch „Rationalisierungsreserven" in Milliardenhöhe. Dahinter verbirgt sich schlicht Verschwendung durch unnötige Doppeluntersuchungen, überhöhte Arzneimittelpreise, unsinnige Medikamente, zu hohe Verwaltungskosten der Krankenkassen und vieles mehr.

Rationierung

Es ist etwas anderes, wenn es für alle gleichermaßen keine Luxusversorgung gibt, als wenn bestimmte Gruppen von Menschen, weniger gut betuchte etwa oder ältere, nicht am medizinischen Fortschritt teilhaben können. Doch seit Jahren werden von interessierten Seiten (konservativere Politiker und Volkswirtschaftler sowie einige medizinische Standesvertreter) Diskussionen nach dem Motto geführt: Muss denn die 76-jährige Patientin überhaupt noch ein neues Hüftgelenk kriegen? Womöglich haben Ärzte sogar recht, wenn sie sagen, es gebe in Deutschlands Gesundheitswesen längst eine „heimliche Rationierung“, schon alleine wegen der begrenzten Behandlungsbudgets.

Priorisierung

Das Wort klingt vornehmer, ob es aber wirklich etwas anderes als Rationierung beinhaltet, ist nicht ganz klar. Es soll bedeuten: Angesichts begrenzter Ressourcen wird geprüft, was besonders und was weniger wichtig ist, und zwar nach Kriterien wie Schwere einer Krankheit oder Nutzen einer Therapie. Es gibt durchaus Industriestaaten (von Entwicklungsländern ganz zu schweigen), in denen knallhart nicht mehr jedem alle Leistungen gewährt werden – aus Kostengründen. Es ist recht wahrscheinlich, dass die zukünftige Entwicklung in Deutschland ähnlich verläuft.

Gerechte Verteilung

Wenn es als unausweichlich betrachtet wird, dass Gesundheitsleistungen eingeschränkt werden müssen, kommt es erst recht darauf an, dass die Verteilung für alle Patienten nach denselben Kriterien läuft, sprich gerecht ist. Führt nicht schon die lange Wartezeit auf einen Arzttermin dazu, dass manche Patienten aufgeben? Bewirkt die Angst vor Arbeitslosigkeit nicht, dass Menschen sich eher nicht krankschreiben lassen? Und führen noch größere Unterschiede zwischen den privat und den gesetzlich Versicherten und Kopfpauschalen zu mehr Gerechtigkeit?

Gibt es eine Alternative?

Die Ausführungen zur Chancenungleichheit und zur Rationalisierung sollen helfen, einerseits die geschilderten Pläne zur radikalen Strukturreform im Gesundheitswesen, andererseits

Alternativmodelle dazu einzuordnen. Es gibt viele, oft sinnvolle Vorschläge, wie die Qualität der Gesundheitsversorgung verbessert und dadurch sogar noch Geld gespart werden könnte. Bürgerengagement und standhafte Politiker gegen Lobbyismus allgemein, das Ausschöpfen der Rationalisierungsreserven, erfolgsorientierte Vergütungssysteme und vieles mehr gehören dazu.

Sinnvolle Vorschläge

Unsere – derzeit im internationalen Vergleich noch immer vorbildliche – Gesundheitsversorgung ist aber nur langfristig zu sichern, wenn sich alle daran beteiligen. Gerade die Wohlhabenden dürfen sich nicht aus dem Solidarsystem schleichen können.

Bei den Koalitionsverhandlungen im Jahr 2004 hatten CDU/CSU einerseits und SPD andererseits (ebenso wie Grüne und Linke) sehr verschiedene Vorstellungen, wie dies zu erreichen wäre. Die Union wollte – wie gesagt – schon damals die „Kopfpauschale“, Sozialdemokraten eine „Bürgerversicherung“. Heraus kam der Gesundheitsfonds, der als Kompromiss bezeichnet wurde.

Anfangs haben mehrere Interessengruppen einschließlich der gesetzlichen Krankenkassen befürchtet, der Gesundheitsfonds werde ein bürokratisches Monstrum. Nachdem er dann eingeführt worden war, war davon kaum noch die Rede gewesen. 2009 verteidigten GKV-Sprecher den Gesundheitsfonds sogar gegen die neuen Pläne. Einzig die Freien Demokraten blieben bei ihrer Auffassung. Für deren Behauptung, der Fonds sei für die Kostensteigerungen und Defizite der gesetzlichen Krankenkassen verantwortlich, lassen sich indessen keine Belege finden. Und Mitte November 2009 erklärte das Bundesversicherungsamt, dass sich auch die Befürchtung, der Gesundheitsfonds führe zu einer unverhältnismäßigen Belastung mancher Bundesländer, nicht bestätigt habe. Richtig aber ist, dass mit dem Gesundheitsfonds das Gerechtigkeitsproblem nicht gelöst wurde.

Keine Belege

Was genau ist denn mit dem Modell einer Bürgerversicherung gemeint? Zum einen sollen alle Menschen verpflichtet sein, in die „öffentliche" Krankenversicherung einzutreten, also auch Selbständige und Wohlhabende, Beamte und Politiker – so etwas wie eine „Zwangs-GKV" also. Zum anderen sollen alle Einkommensarten bei der Berechnung der individuellen Beiträge herangezogen werden, neben Löhnen und Gehältern also zum Beispiel Zinsen aus Kapitalanlagen oder Mieteinnahmen aus Hausbesitz. Erträge aus dem „Ersparten der kleinen Leute" können dabei durch Freigrenzen geschont werden.

„Zwangs-GKV"

Zahlreiche Gesundheitsexperten weisen nämlich darauf hin, dass gestiegene Ausgaben für die Gesundheit das geringere Problem seien. Manche bestreiten sogar, dass es – gemessen am Bruttosozialprodukt – die stets zitierte „Kostenexplosion" überhaupt gibt. Das größte Problem ist (neben Verschwendung) die Einnahmenseite: erstens wegen hoher Arbeitslosigkeit und der großen Zahl von Hartz-IV-Empfängern und Geringverdienern, zweitens, weil gerade Wohlhabende sich nicht als Beitragszahler an der Solidargemeinschaft beteiligen müssen, sondern sich privat krankenversichern können. Im Rahmen der Bürgerversicherung könnte es für sie eine Beitragsbemessungsgrenze geben, sodass „Reiche" nicht Gefahr laufen würden, monatlich tausende von Euro einzahlen zu müssen. Selbst mit einer „gedeckelten" Bürgerversicherungsprämie würden die Einnahmeprobleme der GKV nach Ansicht vieler Ökonomen deutlich gemindert, wenn nicht gar beseitigt.

„Kostenexplosion"

Unübersehbar schließen sich die Autoren dieses Buches den Bedenken gegen die geplanten Gesundheitsreformen weitgehend an und halten das hier vorgestellte Modell der Bürgerversicherung für sozial gerechter. Denn selbstverständlich nimmt ein Patientenratgeber neben der sachlichen Aufklärung auch eine klare Position ein: eben die von Versicherten und Patienten.

Anhang

PKV statt GKV: Vor- und Nachteile

Auch wenn so mancher Privatanbieter mit dem Slogan „Mehr Leistung für weniger Geld“ wirbt, ist die PKV auf Dauer meist nicht preiswerter als die GKV. Zwar bieten die Privatkassen tatsächlich mehr Leistungen an, aber nicht in jedem Tarif. Und viel kostet auch hier viel. Zudem können die PKV-Beiträge im Lauf der Jahre erheblich steigen. Das hat mehrere Gründe:

- Auch bei den privaten Kassen schlagen sich die allgemeinen Kostensteigerungen im Gesundheitswesen sowie für den medizinischen Fortschritt nieder.
- Es stimmt zwar, dass für die Beitragshöhe Alter und Gesundheitszustand des Versicherten bei Vertragsabschluss entscheidend sind. Zudem sind die Privatkassen gesetzlich verpflichtet, „Altersrückstellungen“ für jeden Versicherten zu bilden, um die im Alter naturgemäß steigenden Krankenversorgungskosten zu decken. Ob dies jedoch in ausreichendem Maß geschieht, wird oft bezweifelt.

„Altersrückstellungen“

- Der PKV-Beitrag wird jährlich nach den realen Kosten innerhalb der jeweiligen Tarifgruppe, zu der ein Versicherter gehört, neu berechnet. Und dabei sind Erhöhungen von fünf Prozent durchaus die Regel. Indirekt schlägt sich im Lauf der Zeit also doch die Tatsache nieder, dass man älter und auch kränker wird.

PKV-Versicherte, denen ihr Beitrag zu hoch wird, haben mehrere Möglichkeiten, das abzufedern. So könnte es sich unter Umständen rechnen, die Selbstbeteiligung zu erhöhen. (Übrigens bieten jetzt auch einige GKVen Wahltarife mit „Selbstbehalt“ an). Auch ein Wechsel in einen anderen Tarif mit weniger Leistungen kann für Einzelne durchaus sinnvoll sein, eventuell reicht sogar der Basistarif. In jedem Fall empfiehlt es sich für PKV-Versicherte, schon früh Ersparnisse zu bilden, um auch im Alter die hohen Beiträge bezahlen zu können.

Vor- und Nachteile der Privaten Krankenversicherung

Vorteile	**Nachteile**
Für gesunde, junge und gut verdienende Singles sind – jedenfalls bei Eintritt – die PKV-Tarife in vielen Fällen tatsächlich günstiger. Das gilt für Selbständige, Existenzgründer und Beamte.	Während in der GKV Kinder und Ehepartner ohne eigenes Einkommen automatisch mitversichert sind, muss in der PKV jedes Familienmitglied eigenständig versichert werden.
Oftmals sind die Leistungen besser, zum Beispiel Ein- oder Zweibettzimmer im Krankenhaus, Chefarztbehandlung, bessere Bezahlung bei Psychotherapien und Hilfsmitteln wie Brillen oder – je nach Tarif – Zahnersatz.	Andere Leistungen wie Haushaltshilfe oder häusliche Krankenpflege bezahlen die meisten privaten Krankenkassen im Gegensatz zur GKV nicht.
PKV-Versicherte müssen keine Zuzahlungen bei Medikamenten oder im Krankenhaus leisten und zudem keine Praxisgebühr bezahlen.	Die Rückkehr in eine GKV ist nur in engen Grenzen möglich, ab dem 55. Lebensjahr gar nicht mehr.
Nach den Erfahrungen vieler Patienten im täglichen Gesundheitsbetrieb funktioniert der Status als Privatpatient immer noch als Türöffner: Man bekommt schneller Termine bei Ärzten oder für spezielle Untersuchungen.	Der Wechsel von einer PKV zu einer anderen ist sehr schwierig, insbesondere im Hinblick auf die Altersrückstellung. Auch wenn man neuerdings einen Teil davon mitnehmen kann, ist die Kündigung einer Privatkasse immer mit einem Geldverlust verbunden.
In der GKV können Leistungen per Gesetz gestrichen werden, in der PKV bleiben einmal vertraglich vereinbarte Leistungen garantiert.	Bei rechtlichen Auseinandersetzungen mit der Privatkasse kann es teuer werden. Es gibt kein gesetzlich geregeltes Widerspruchsrecht, und klagen muss man nach Zivil- und nicht nach Sozialrecht. Die Anwaltshonorare und Gerichtskosten richten sich – ohne Begrenzung – nach dem Streitwert.
Der Auslandsreiseschutz für Europa ist meist in den Beiträgen enthalten.	Während der Zeit von Elternurlaub oder Elterngeldbezug müssen GKV-Mitglieder keine Beiträge bezahlen, PKV-Versicherte wohl.

Die freie Wahl eines Krankenhauses ist leichter.	Die Beitragshöhe sinkt nicht, auch wenn das Einkommen weniger wird, zum Beispiel bei Arbeitslosigkeit oder im Rentenalter.
	Kritiker weisen darauf hin, dass gerade bei Privatpatienten oft zu viele, auch unsinnige Untersuchungen und Behandlungen vorgenommen werden.

Beispiel 1: Eine Frau macht sich selbständig und möchte sich nun privat gegen Krankheiten versichern. Sie hatte aber schon früher Rückenprobleme, die auch behandelt worden sind. Der Versicherer verlangt einen Risikozuschlag auf den Beitrag.

Beispiel 2: Ein ehemals gesetzlich versicherter Mann will, weil ihm das seine Einkommensverhältnisse nun ermöglichen, in die PKV wechseln. Da er aber schon einmal wegen Depressionen behandelt wurde, sagt der Versicherer: Wir akzeptieren Sie gerne als Kunden, in den ersten drei Jahren übernehmen wir aber nicht die Kosten für eine eventuell erneut notwendige Psychotherapie. Und das, obwohl dem Patienten die Psychotherapie geholfen hat und sie beendet werden konnte.

Schon seit Jahren wird in Politik, Sozialwissenschaften und Öffentlichkeit über das System der PKV gestritten. Kritiker möchten die privaten Krankenversicherungen beschränken oder sogar ganz abschaffen. Ihr Hauptargument: Die PKV begünstige ein Zwei-Klassen-System in der Medizin, weil die Besserverdienenden sich aus der Solidargemeinschaften stehlen könnten. Andere, darunter Politiker und PKV-Interessenvertreter, befürworten umgekehrt, dass die GKV auf ein Minimum reduziert wird und die Privatkassen aus „Wettbewerbsgründen“ mehr Raum bekommen. Deutschland ist mittlerweile europaweit das einzige Land, das noch ein duales Krankenkassensystem hat.

Nützliche Adressen

Hilfreiche Links

www.aerztekammer-berlin.de/30buerger/10_Aerztliche_
Behandlung_gutes_Recht/index.html
Als Beispiel für die Aufgaben von Landesärztekammern und mit weiterführenden Links

www.berlin.de/lb/patienten/fragen/rechte/
Vom Senat Berlin, aber allgemein gültig

http://bundesrecht.juris.de/sgb_5/index.html
Sozialgesetzbuch Kapitel V (SGB V): gesetzliche Krankenversicherung

www.djv.de/Aktuelle-News.2905+M59993a0a3c6.0.html
Zum Thema erhöhtes Krankengeld für Selbständige

www.gkv-spitzenverband.de
www.krankenkassen.de/
Sehr ausführliche Zusammenstellungen der einzelnen
GKV-Leistungen

www.kbv.de/13791.html
Fragen zur Praxisgebühr

www.kbv.de/11279.html
Wahltarife
www.kbv.de/service/3010.html
Ärztliche Organisationen und Verbände

www.kuenstlersozialkasse.de
Künstlersozialkasse

www.patienten-information.de/search?SearchableText=Patientenrechte
Mit zahlreichen Links zu Einzelfragen sowie zu regionalen Anlaufstellen
www.pkv.de
Verband der privaten Krankenversicherungen e.V.

www.stiftung-warentest.de
Homepage der Stiftung Warentest

www.test.de/themen/versicherung-vorsorge/test/-Produktfinder-Gesetzliche-Krankenkassen/1801418/1801418/1801419/
Hier bietet die Stiftung Warentest seit Dezember 2009 im Internet den „Produktfinder Gesetzliche Krankenkassen“ zum Leistungsvergleich der einzelnen GKVen an, allerdings gegen eine kleine Gebühr.

Verbraucherzentralen

Verbraucherzentrale Bundesverband e. V.
Fachbereich 3 – Gesundheit/Ernährung
www.vzbv.de
Markgrafenstraße 66, 10969 Berlin
Beratung bietet der vzbv nicht, sondern nur die 16 Verbraucherzentralen der Länder (zum Teil kostenpflichtig)

Verbraucherzentrale Baden-Württemberg e. V.
www.vz-bawue.de
Paulinenstraße 47, 70178 Stuttgart
Tel.: 01805 505999, Fax: 0711 6691-50
E-Mail: info@vz-bw.de

Verbraucherzentrale Bayern e. V.
www.verbraucherzentrale-bayern.de
Mozartstraße 9, 80336 München
Tel.: 089 53987-0, Fax: 089 537553
Landesweites Beratungstelefon der Verbraucherzentrale Bayern
Tel.: 09001 89229376
E-Mail: info@vzbayern.de

Verbraucherzentrale Berlin e. V.
www.verbraucherzentrale-berlin.de
Hardenbergplatz 2, 10623 Berlin
Tel.: 030 21485-0, Fax: 030 2117201

Termine Tel.: 030 21485-260
E-Mail: mail@verbraucherzentrale-berlin.de

Verbraucherzentrale Brandenburg e. V.
www.vzb.de
Templiner Straße 21, 14473 Potsdam
Tel.: 0331 29871-0, Fax: 0331 29871-77
E-Mail: info@vzb.de

Verbraucherzentrale Bremen e. V.
www.verbraucherzentrale-bremen.de
Altenweg 4, 28195 Bremen
Tel.: 0421 160777, Fax: 0421 1607780
E-Mail: info@verbraucherzentrale-bremen.de

Verbraucherzentrale Hamburg e. V.
www.vzhh.de
Kirchenallee 22, 20099 Hamburg
Tel.: 040 24832-0, Fax: 040 24832-290
E-Mail: info@vzhh.de

Verbraucherzentrale Hessen e. V.
www.verbraucher.de
Große Friedberger Straße13–17, 60313 Frankfurt
Tel.: 01805 972010, Fax: 069 972010-50
E-Mail: vzh@verbraucher.de

Verbraucherzentrale Mecklenburg und Vorpommern e. V.
www.nvzmv.de
Strandstraße 98, 18055 Rostock
Tel.: 0381 2087050, Fax: 0381 2087030
E-Mail: info@nvzmv.de

Verbraucherzentrale Niedersachsen e. V.
www.verbraucherzentrale-niedersachsen.de
Herrenstraße 14, 30159 Hannover
Tel.: 0511 91196-0, Fax: 0511 91196-10
E-Mail: info@vzniedersachsen.de

Verbraucherzentrale Nordrhein-Westfalen e. V.
www.vz-nrw.de
Mintropstraße 27, 40215 Düsseldorf
Tel.: 0211 3809-0, Fax: 0211 3809-216
E-Mail: vz.nrw@vz-nrw.de

Verbraucherzentrale Rheinland-Pfalz e. V.
www.vz-rlp.de
Seppel-Glückert-Passage 10, 55116 Mainz
Tel.: 06131 2848-0, Fax: 06131 2848-66
E-Mail: info@vz-rlp.de

Verbraucherzentrale Saarland e. V.
www.vz-saar.de
Trierer Straße 22, 66111 Saarbrücken
Tel.: 0681 50089-0, Fax: 0681 50089-22
E-Mail: vz-saar@vz-saar.de

Verbraucherzentrale Sachsen e. V.
www.verbraucherzentrale-sachsen.de
Brühl 34–38, 04109 Leipzig
Tel.: 0341 696290, Fax: 0341 6892826
E-Mail: vzs@vzs.de

Verbraucherzentrale Sachsen-Anhalt e. V.
www.vzsa.de
Steinbockgasse 1, 06108 Halle
Tel.: 0345 29803-29, Fax: 0345 29803-26
E-Mail: vzsa@vzsa.de

Verbraucherzentrale Schleswig-Holstein e. V.
www.verbraucherzentrale-sh.de
Andreas-Gayk-Straße 15, 24103 Kiel
Tel.: 0431 59099-0, Fax: 0431 59099-77
E-Mail: info@verbraucherzentrale-sh.de

Verbraucherzentrale Thüringen e. V.
www.vzth.de
Eugen-Richter-Straße 45, 99085 Erfurt
Tel.: 0361 55514-0, Fax: 0361 55514-40
E-Mail: info@vzth.de

Ansprechpartner für Patienten

Beauftragter der Bundesregierung für die Belange von Patientinnen und Patienten
www.patientenbeauftragter.de
Friedrichstraße 108, 10117 Berlin
Tel.: 030 1844134-20, Fax: 030 1844134-22
E-Mail: patientenbeauftragter@bmg.bund.de

Unabhängige Patientenberatung Deutschland UPD gGmbH
www.upd-online.de
Bietet eine Liste der regionalen Beratungsstellen
Bundesgeschäftsstelle (hier keine Beratung)
Littenstraße 10, 10179 Berlin
Tel.: 030 2008923-3
Beratungstelefon (kostenlos) 0800 0117722
(von Montag bis Freitag 10 bis 18 Uhr)

Bundesarbeitsgemeinschaft der PatientInnenstellen
www.gesundheits.de/bagp/
Waltherstraße 16 a, 80337 München
Tel.: 089 76755131, Fax: 089 7250474
E-Mail: mail@bagp.de

Der Gemeinsame Bundesausschuss
www.g-ba.de

Das Institut für Qualität und Wirtschaftlichkeit im Gesundheitswesen
www.iqwig.de

GKV-Spitzenverband
www.gkv-spitzenverband.de

Mittelstraße 51, 10117 Berlin
Tel.: 030 206288-0, Fax: 030 206288-88
E-Mail: kontakt@gkv-spitzenverband.de

Medizinischer Dienst der Krankenversicherung
http://www.mdk.de/
Lützowstraße 53, 45141 Essen
Mit Links zu den MDK der Bundesländer

Deutsche Verbindungsstelle Krankenversicherung – Ausland
www.dvka.de
Pennefeldsweg 12 c, 53177 Bonn
Tel.: 0228 9530-0, Fax: 0228 9530-600
E-Mail: Post@dvka.de

Aufsicht über die gesetzlichen Krankenkassen
(mit Ausnahme der AOK)
Bundesversicherungsamt
www.bva.de
Friedrich-Ebert-Allee 38, 53113 Bonn
Tel.: 0228 619-0, Fax: 0228 619-1870
E-Mail: poststelle@bva.de

Für die Aufsicht über die Allgemeinen Ortskrankenkassen (AOK) sowie die Ärzte-/Zahnärztekammern und Kassen-(-zahn-)ärztlichen Vereinigungen sind die Sozialministerien der Länder zuständig.
Bundesärztekammer
www.bundesaerztekammer.de
Postfach 120 864, 10589 Berlin
(Besucheradresse: Herbert-Lewin-Platz 1, 10623 Berlin)
Tel.: 030 400456-0, Fax: 030 400456-388
E-Mail: info@baek.de

Adressen der Landesärztekammern unter:
www.bundesaerztekammer.de/page.asp?his=0.8.5585

Bundespsychotherapeutenkammer
www.bptk.de
Klosterstraße 64, 10179 Berlin
Tel.: 030 278785-0, Fax: 030 278785-44
E-Mail: info@bptk.de

Links zu den Psychotherapeutenkammern der Länder:
www.bptk.de/bptk/landeskammern/index.html

Kassenärztliche Bundesvereinigung
www.kbv.de
Herbert-Lewin-Platz 2, 10623 Berlin
Tel.: 030 4005-0, Fax: 030 4005-1590
E-Mail: info@kbv.de

Adressen der Kassenärztlichen Vereinigungen der Länder unter:
www.kbv.de/wir_ueber_uns/4130.html

Bundeszahnärztekammer
www.bzaek.de
Chausseestrasse 13, 10115 Berlin
Tel.: 030 40005-0, Fax: 030 40005-200
E-Mail: info@bzaek.de

Kassenzahnärztliche Bundesvereinigung
www.kzbv.de
Postfach 41 01 69, 50861 Köln
Tel.: 0221 4001-0, Fax: 0221 404035
E-Mail: post@kzbv.de

Adressen der Kassenzahnärztlichen Vereinigungen der Länder unter:
www.kzbv.de/m520.htm

Deutsche Krankenhausgesellschaft e. V.
www.dkgev.de
Wegelystraße 3, 10623 Berlin
Tel.: 030 39801-0, Fax: 030 39801-3000
E-Mail: dkgmail@dkgev.de

Bundesapothekerkammer
(inklusive Adressen der Apothekerkammern der Länder)
www.abda.de/kammern.html
Jägerstraße 49/50, 10117 Berlin
Tel.: 030 40004-0, Fax: 030 40004-598
E-Mail: info@abda.aponet.de

Weiterführende Literatur

Die Stiftung Warentest hat im Mai 2009 ein „Finanztest"-Heft mit dem Titel „Spezial Gesundheit" herausgebracht (Preis: 7,50 Euro). Vieles darin bleibt bis auf Weiteres gültig. Sie finden in der Zeitschrift zum Beispiel einen genauen Überblick über die unterschiedlichen Zusatzleistungen und Wahltarife der gesetzlichen Krankenkassen.

Die AOK hat ein gut lesbares Lexikon unter dem Titel „Stichwort Gesundheitswesen" herausgegeben. ISBN-Nummer der 3. Auflage: 978-3-98095-627-7, Berlin 2009. Beziehen können Sie es am besten bei der örtlichen AOK oder beim Bundesverband der AOK (www.aok-bv.de). Eine Reihe der Stichwörter finden sich auch im Internet unter www.aok-bv.de/lexikon/ index.html.

Umfassende und unabhängige Informationen über die Verschreibung von Arzneimitteln, ihre Preise und Anteile an den Gesamtausgaben der gesetzlichen Kassen finden sich im jährlich neu erscheinenden „Arzneiverordnungsreport". Herausgeber sind der Pharmakologe Professor Ulrich Schwabe von der Universität Heidelberg sowie der Sozialwissenschaftler Dr. Dieter Paffrath, der bei der AOK arbeitet. Die einzelnen Kapitel werden (allerdings in recht fachlicher Sprache) von namhaften Ärzten und Wissenschaftlern geschrieben. Die Bücher erscheinen jeweils im wissenschaftlichen Springer-Verlag (Heidelberg).

Zur laienverständlichen Information über Wirkungen, Nutzen und Risiken von Arzneimitteln sind das „Handbuch Medikamente" (7. Auflage, Sonderausgabe 2009, 25,00 Euro) sowie das „Handbuch Rezeptfreie Medikamente" (2009, 29,90 Euro) der Stiftung Warentest zu empfehlen.

Werner Bartens: „Lexikon der Medizinirrtümer – Vorurteile, Halbwahrheiten, fragwürdige Behandlungen" (München 2008, ISBN 978-3-49224-624-9, 6,95 Euro) sowie „Das neue Lexikon der Medizin-Irrtümer" (München 2008, ISBN 978-3-49224-926-3, 8,95 Euro).

Die Chefermittlerin einer großen Krankenkasse hat ein Buch über ihren „Kampf gegen die Gesundheitsmafia" geschrieben. Wenn Sie sich für Betrugsfälle und deren systematische Hintergründe interessieren: Dina Michels: „Weiße Kittel – Dunkle Geschäfte" (Berlin 2009, ISBN 978-3-87134-643-9, 16,90 Euro).

Thomas Spies: „Die Bürgerversicherung" (VAS-Verlag, Frankfurt 2006, ISBN 3-88864-415-1, 12,00 Euro).

Stichwortverzeichnis

Weitere Titel

- *Agnes Fischl/Bernhard F. Klinger/Michael Lettl*
  Das Testament
  Konkrete Anleitungen für alle Lebensmodelle – vom Single bis zur Patchwork-Familie. Wie Sie Streit vermeiden und Steuern sparen.
  ISBN 978-3-7093-0264-4
  2009, 168 Seiten
  EUR 9,90 (D)/EUR 10,20 (A)

- *Sven Klinger/Joachim Mohr/Wolfgang Roth/Johannes Schulte*
  Patientenverfügung und Vorsorgevollmacht
  Was Ärzte und Bevollmächtigte für Sie in einem
  Notfall tun sollten. Was die Neuregelung für Sie konkret bedeutet.
  ISBN 978-3-7093-0289-7
  2. Auflage 2009, 156 Seiten
  EUR 9,90 (D)/EUR 10,20 (A)

- *Michael Schröder*
  Scheidung – aber fair
  Sorgerecht – Unterhalt – Umgangsrecht. Es geht auch friedlich, wenn die Vernunft siegt.
  ISBN 978-3-7093-0272-9
  2. Auflage 2009, 176 Seiten
  EUR 9,90 (D)/EUR 10,20 (A)

- *Andreas Heiber*
  Die neue Pflegeversicherung
  Der Antrag – die Pflegestufen – die Leistungen: Ihre neuen Möglichkeiten und Chancen
  ISBN 978-3-7093-0237-8
  2008, 192 Seiten
  EUR 9,90 (D)/EUR 10,20 (A)

- *Eva Schmitz-Gümbel/Karin Wistuba*
  Erfolgreich zum Traumjob
  Coaching zur Berufswahl für Eltern und Schüler
  ISBN 978-3-7093-0213-2
  2008, 168 Seiten
  EUR 9,90 (D)/EUR 10,20 (A)

- *Astrid Congiu-Wehle/Joachim Mohr*
  Das neue Unterhaltsrecht
  Wie viel bekomme ich? Wie viel muss ich zahlen?
  ISBN 978-3-7093-0229-3
  2008, 168 Seiten
  EUR 9,90 (D)/EUR 10,20 (A)

- *Karin Spitra/Ulf Weigelt*
  Ihr Recht als Arbeitnehmer
  Vom Vorstellungsgespräch bis zur Kündigung – was darf der Chef?
  ISBN 978-3-7093-0218-7
  2008, 192 Seiten
  EUR 9,90 (D)/EUR 10,20 (A)

- *Wolfgang Jüngst/Matthias Nick*
  Arbeiten und Leben im Ausland
  Auswandern oder Überwintern: alle wichtigen Informationen. Mit 10 Länderkapiteln von Schweiz bis USA.
  ISBN 978-3-7093-0214-9
  2008, 176 Seiten
  EUR 9,90 (D)/EUR 10,20 (A)

- *Tibet Neusel/Sigrid Beyer/Kathrin Arrocha*
  Immobilienkauf
  Haus oder Wohnung – Alles über Finanzierung, Recht und Steuern
  ISBN 978-3-7093-0195-1
  2008, 190 Seiten
  EUR 9,90 (D)/EUR 10,20 (A)

- *Andrea Erdmann/Andreas Kobschätzky*
  Erfolgreich bewerben
  Von der systematischen Vorbereitung zum souveränen Bewerbungsgespräch und fairen Arbeitsvertrag
  ISBN 978-3-7093-0187-6
  2008, 176 Seiten
  EUR 9,90 (D)/EUR 10,20 (A)

- *Hans-Herbert Holzamer*
  Optimales Wohnen und Leben im Alter
  Alle Wohnformen im Überblick – alle staatlichen Förderungen – Checklisten und Adressen
  ISBN 978-3-7093-0196-8
  2008, 176 Seiten
  EUR 9,90 (D)/EUR 10,20 (A)

- *Ralph Jürgen Bährle/Susanne Hartmann*
  Nebenjobs
  Minijobs und die 400-Euro-Regel – Ein Wegweiser zum sicheren Zusatzverdienst
  ISBN 978-3-7093-0139-5
  2007, 160 Seiten
  EUR 9,90 (D)/EUR 10,20 (A)

- *Armin Abele/Bernhard Klinger/Thomas Maulbetsch/ Joachim Müller*
  Partnerschaft ohne Trauschein
  Alle wichtigen Rechtsfragen
  ISBN 978-3-7093-0096-1
  2007, 184 Seiten
  EUR 9,90 (D)/EUR 10,20 (A)

- *Frank Donovitz/Joachim Reuter/ Lorenz Wolf-Doettinchem*
  Das 1x1 der Altersvorsorge
  In sechs Schritten zu mehr Wohlstand in der Rente
  ISBN 978-3-7093-0150-0
  2007, 152 Seiten
  EUR 9,90 (D)/EUR 10,20 (A)

- *Frank Donovitz/Elke Schulze*
  Richtig versichern
  Welche Versicherung Sie jetzt brauchen und welche Sie sich sparen können.
  ISBN 978-3-7093-0175-3
  2007, 144 Seiten
  EUR 9,90 (D)/EUR 10,20 (A)

- *Ulrike Fokken*
  Ihre private Ökobilanz
  So sparen Sie Energie und Kosten und schonen die Umwelt.
  ISBN 978-3-7093-0181-4
  2007, 192 Seiten
  EUR 9,90 (D)/EUR 10,20 (A)

- *Wolfgang Jüngst/Matthias Nick*
  Wenn der Nachbar nervt
  Rechte und Pflichten in der Nachbarschaft
  ISBN 978-3-7093-0174-6
  2007, 160 Seiten
  EUR 9,90 (D)/EUR 10,20 (A)

- *Tibet Neusel/Kathrin Arrocha/Sigrid Beyer*
  Kinder, Geld und Steuern
  Das neue Elterngeld – Steuern sparen für Familien – Klug vorsorgen.
  Viele praktische Tipps und Rechenbeispiele.
  ISBN 978-3-7093-0164-7
  2. Auflage 2007, 192 Seiten
  EUR 9,90 (D)/EUR 10,20 (A)

- *Inken Wanzek/Christine Rosenboom*
  Arbeitsplatz in Gefahr – Das sind Ihre Rechte
  Kündigung – Beschäftigungsgesellschaft – Aufhebungsvertrag – Mobbing – Trennungsgespräche
  ISBN 978-3-7093-0152-4
  2007, 240 Seiten
  EUR 14,90 (D)/EUR 15,40 (A)

- *Tibet Neusel/Kathrin Arrocha/Sigrid Beyer*
  Neue Renten- und Pensionsbesteuerung
  Das Alterseinkünftegesetz – Absatzmöglichkeiten – Strafverfolgung vermeiden – Erstattungsansprüche
  sichern
  ISBN 978-3-7093-0118-0
  2006, 192 Seiten
  EUR 9,90 (D)/EUR 10,20 (A)

- *Eva Schmitz-Gümbel/Birgit Schönberger*
  Mein Geld, dein Geld
  Finanzratgeber für Paare
  ISBN 978-3-7093-0095-4
  2006, 160 Seiten
  EUR 9,90 (D)/EUR 10,20 (A)

- *Andreas Vogler/Gerald Reischl*
  Die 1000-Euro-Firma
  Mit wenig Geld zum eigenen Internet-Unternehmen. Konkrete Anleitung zur Gründung und Durchführung.
  ISBN 978-3-7093-0125-8
  2006, 264 Seiten
  EUR 14,90 (D)/EUR 15,40 (A)

- *Tibet Neusel*
  Streiten mit dem Finanzamt
  Wie Sie als juristischer Laie Ihre Rechte durchsetzen.
  ISBN 978-3-7093-0032-9
  2004, 208 Seiten
  EUR 14,90 (D)/EUR 15,40 (A)

- *Frank Donovitz/Joachim Reuter/Karin Spitra*
  Das 1x1 des Geldes
  So bleibt Ihnen mehr vom Einkommen. Sparen – Versicherungen – Kredite – Konto – Immobilien
  ISBN 978-3-7093-0038-1
  2004, 144 Seiten
  EUR 9,90 (D)/EUR 10,20 (A)